ネット風評被害

薮崎真哉

ディスカヴァー携書
138

〈プロローグ〉

突然ですが、あなたは
自分が勤めている会社の名前を
検索してみたことはありますか？

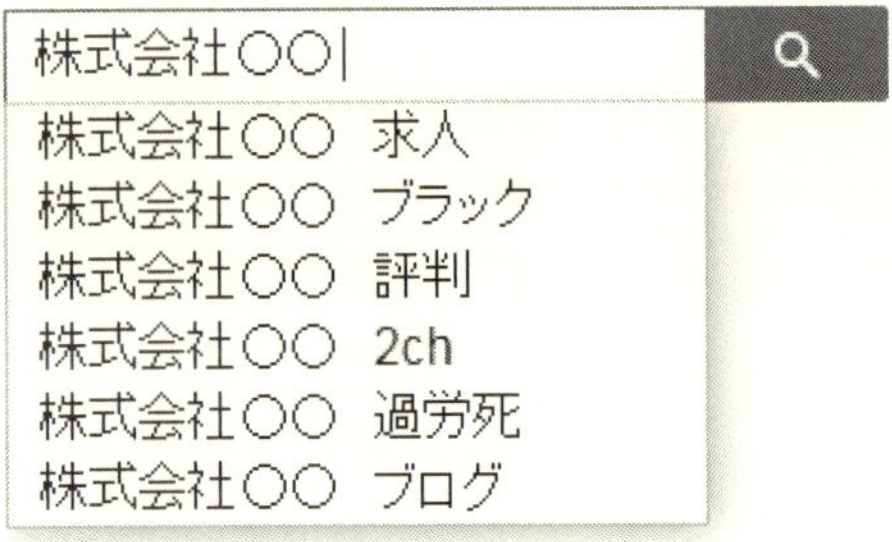

もし、こんな結果が出ていたら、
要注意です。

こうならなかったといっても、
安心はできません。

たとえば、

こんなことを
放置しておくと……

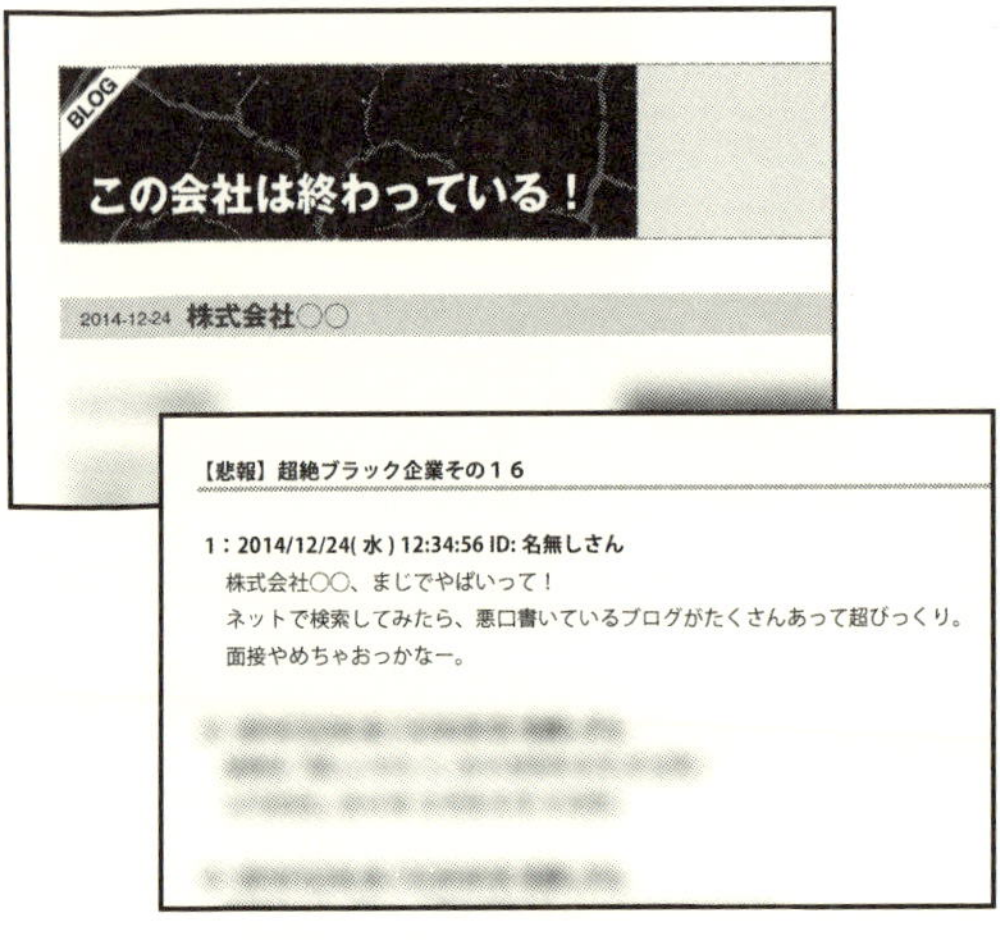
BLOG
この会社は終わっている！
2014-12-24 株式会社○○
【悲報】超絶ブラック企業その１６
1：2014/12/24(水) 12:34:56 ID: 名無しさん
株式会社○○、まじでやばいって！
ネットで検索してみたら、悪口書いているブログがたくさんあって超びっくり。
面接やめちゃおっかなー。

たいへんなことになります！

たとえば……

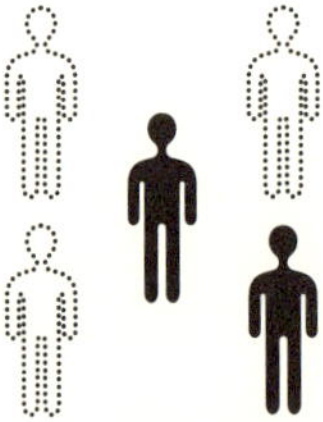

人員の損失

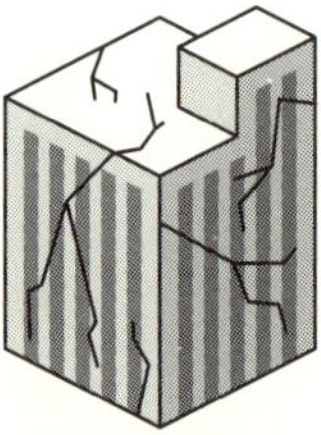

倒産

経済的被害

恐ろしいと思ってしまったあなた、ご安心ください。

本書を読めば、ネット風評被害を未然に防ぎ、
被害を最小限に食い止める方法がわかります。

はじめに——日常化するネット風評被害の脅威
今すぐ対処しないと手遅れになる！

この本を手に取ったみなさんのなかには、すでにネット上に誹謗中傷を書かれたり、なかには大きな被害にあったことがある方もいらっしゃるかもしれません。

今や、ネットの世界は無法地帯です。嘘やデマは当たり前。人や会社の名誉を傷つけるコメントや、出所のはっきりしない無責任な書き込みであふれかえっています。

風評被害が拡大した背景には、スマートフォンやタブレットの普及に加えて、フェイスブックやツイッターなどのSNSの隆盛があります。

これらのツールの登場によって、以前よりも多くの人がいつ、どこにいてもネット検索を行い、自由な書き込みや画像の投稿が瞬時にできるようになりました。

たしかに、必要な情報を瞬時に検索できるのは便利なことであり、コメントや写真、動画の投稿で自由な表現ができるのは素晴らしい技術革新といえるでしょう。

しかし、その反面、人や企業のブランドを傷つけるようなネガティブな書き込みも瞬く間にネット上に拡散していく非常に恐ろしい状態も生まれています。

ある日、突然、あなたやあなたの会社の悪い噂がネットに書き込まれ、その噂を信じた人がそれに反応し、事実無根の書き込みが一気に広がっていくことが起こらないとも限らないのです。

私は、2008年にネット風評被害対策コンサルティングの会社を立ち上げ、月に平均80件、6年間でのべ6000件以上の企業や個人からの相談に応じてきました。

相談者は、上場企業や中小企業の経営者、スポーツ選手、芸能人、政治家、ビジネスマンからOL、自営業者、士業家までさまざまです。

ある飲食店では、10年前に起こった食中毒事件についての書き込みに苦しめられました。

また、ある会社では、営業努力によってすでに解決している問題がネット上で再燃していました。その結果、客足が遠のき、やる気を失くした社員がつぎつぎに辞めていきました。

また、ある不動産会社では、健全な企業であるにもかかわらず、ネットで社名を検索すると「悪徳」の文字が上位表示されていました。そのことにより、売り上げが激減し、結局、倒産にまで追い込まれました。

私たちは、今後、このような被害は拡大することはあっても、なくなることはないと予測しています。

・まだまだ「ネット風評被害」の恐さを知らない人が多い

残念なことに、ネット上の風評被害は、ここ数年間に爆発的な勢いで増加しているにもかかわらず、多くの人がその本当の恐さを知らないのが実情です。

2014年、警察庁が発表した都道府県警察への「ネット風評被害」に関する前年中の相談件数は9425件(これについては、第4章でさらにくわしく解説します)。ここ数年間、ほぼ1万件前後で推移しています。

しかし、警察庁のサイバー犯罪課や都道府県警察の相談窓口は、主に不正アクセス、コンピュータウィルス、ネット詐欺など、事件性のある案件には対応していますが、名誉毀損や誹謗中傷などは立件が難しいこともあり、あまり対応できていないのが実情です。弁護士も「表現の自由」を前にして、難しい作業を強いられています。

さらに、プロバイダーも多数のユーザーからの書き込みの削除依頼に対して、該当するすべてに物理的に対処できないのが現状なのです。

つまり、ネット風評被害に関しては、警察や弁護士、プロバイダーに対策をお願いするといっても、今の段階では限界があります。そのため、広がりつづける風評被害をどうすることもできず、泣き寝入りするしかない人が多く存在するのです。

そこで登場してきたのが、私たちのようなネット風評被害対策のコンサルティングを専門に扱う会社です。

本書の目的は、

・まず、知らないでいると恐ろしいネット風評被害の実態
・その対策の大前提として、自分たちが「ネット炎上」を起こさないためにするべきこと
・それ以外にネット風評被害を未然に防ぐためにできること
・万一、ネット風評被害にあってしまったときにすべきこと

を、みなさんに知っていただくことです。

私は本書を通じて、みなさんにネット風評の対策を正しく講じれば被害を未然に防ぐことができ、たとえ起こっても、被害を最小限に食い止めることができるということを訴えていきます。

本書が、この社会からネット風評被害で苦しむ人や会社をなくすための一助となることを心から願っています。

薮崎真哉

ネット風評被害　**目次**

第2章　大前提は「ネット炎上を未然に防ぐ」

第3章　ネット風評を発見したら？

第4章　法的手段をとるにはどうする？

第5章　プロの活用でネット風評被害に対処する

第1章

知らないでいると恐ろしい
ネット風評被害の現実

「ネット風評被害」とはどういうものか

今から20年前の1995年は、日本のインターネット環境のターニングポイントとなった年といわれています。そのきっかけとなったのが、みなさんの記憶にも鮮明に残っている阪神・淡路大震災です。

兵庫県南部を中心に近畿圏を襲った大地震は、インフラをことごとく寸断しました。その結果、被災地にいる家族や親戚の安否がわからず、一時的に情報も伝わりにくくなりました。

このようなときに起きるのが「風評」です。とくに大地震の直後にはデマや風評が伝わり、そこに住む人はもちろんのこと、周りの人たちも間違った情報を信じてしまうという傾向があります。このときにもそうなる危険がありました。

幸いなことに、奈良先端科学技術大学院大学、神戸市外国語大学が被災地から正確な情報を発信しました。これが後に「情報ボランティア」と呼ばれる活動です。

これにより、災害時においてコンピュータ・ネットワークがどのように役立てるのか、一つの形が示されました。いわゆる正しいネットのあり方です。これがもし、このままの形で現在まで続いていれば、風評被害のような問題は起こらなかったかもしれません。

震災後、約20年が経ち、コンピュータ・ネットワークは格段の進歩を遂げました。ツイッターやフェイスブックをはじめ、SNSといわれるソーシャルメディアが現れ、誰でも自由に簡単に自分の意思を発信できるようになりました。

しかし、そんな便利なツールを利用して悪意のある情報や無責任な情報を流す人が現れました。「ネット風評被害」の出現です。

なかには、わざと相手を貶める人間もいます。恨みを持った人間が一方的に相手を非難する、根拠のない噂でビジネスの競争相手を蹴落とそうとする……。残念ながら、こんなことが見られるようになってきました。

これらの被害にあったときの対処法を知らなければ、下手をするとすべてを失ってしまいます。これは決して、誇張ではありません。

そうならないためには、まずネット風評被害について、正しい知識を持っておくことが必要です。

いまや、ネット風評の対象は大企業や有名人に限りません。中小企業や個人経営のお店も被害を受けるケースが相次いでいます。

つまり、この問題は私たちに明日、いや、いま降りかかってきてもおかしくないのです。

では、どのような問題が実際に起きているのかをみなさんに実感していただくために、代表的な事例をご紹介していきましょう。

【事例1】
なにげない一通のメールが取り付け騒ぎを引き起こす

きっかけは一通のメールでした。年も押しつまったクリスマスイブのこと。あるメーリングリストにとんでもない情報が流れました。

「ある友人の情報によると、A銀行が26日につぶれるって。お金を預けている人は、明日中に全額下ろすことを勧めます。信じるか信じないかは自由です」

このたった一通のメールでクリスマス気分は吹っ飛びました。銀行がつぶれるというのはただ事ではありません。その銀行にお金を預けている人はもちろんのこと、取引をしている会社にとっても死活問題になります。

当然のことながら、翌25日の朝早くからA銀行の本店はもちろんのこと、支店にも問い合わせが殺到しました。

「A銀行が危ないというのは本当ですか？」

電話で応対した行員はもちろん必死に否定しました。なにしろ、そんな事実はまったくないのですから。

「いいえ、そんなことはいっさいございません」

A銀行は当時、地方銀行のなかでも中位に位置していて、優秀な経営状態にあり、破綻する要因はまったく見当たりません。

しかし、騒ぎは収まりませんでした。それどころか、午後になるとさらに混雑は激しくなりました。

ATMにも預金者が押し寄せました。預金の払い戻しだけでなく、定期預金の解約などを求めて、どこの店舗にも長蛇の列ができました。

行員たちは必死に呼びかけました。

「A銀行がつぶれるというのはまったくのデマです。安心して明日の営業をお待ちください」

しかし、行員のこの必死な説明に耳を貸す人はいませんでした。本店にある10台のATMには300人近くが並び、ある支店の回りには押しかける車で渋滞ができました。ひったくりを警戒した警察が周辺のパトロールを強化するほどでした。

中小の支店、ATMでは資金が底をつき、本店では約90億円をあらためて調達して対応にあたりました。

支店、ATMからお客さんの姿が消えたのはその日の夜、10時を過ぎたころだったのです。

警察は、「メールテロ」とも呼ぶべき組織犯罪の可能性も視野に入れて捜査を開始しました。

「これだけの騒ぎを起こすのだから、相手はネットにくわしいプロかもしれない。そうであれば、犯人を特定するのは難しいかもしれない」

そのような状況を覚悟しての捜査でした。

ところが、捜査の結果、最初にこの情報を書き込んだ人物が意外にもすぐに特定できたのです。驚いたことに、それは20代のごく普通の女性でした。

しかも、彼女にはまったく悪意はなかったのです。ただ知人からA銀行がつぶれるらしいと聞いただけだと言います。

彼女は、たまたま聞いた情報を、良かれと思って仲間たちに送ったらしいのですが、それがチェーンメールのように流れ、さらには口から口へと伝えられて、預金流出金額数百億円もの取り付け騒ぎにまでなってしまったのでした。

彼女は、おそらくここまでの騒ぎになるとは微塵も予想していなかったでしょう。まさに、悪夢のような出来事が起こってしまったのです。

ネット風評被害の恐さ①

- **悪意のないメールであっても、ネット風評被害の原因になることがある**
- **一度、うわさが広がりはじめると、歯止めがきかなくなる**

【事例2】
内定者が6割辞退。
いつの間にかブラック企業にされた!

2つめに紹介するのは、この2、3年で急激に増えてきた事例です。
昨年の相談件数で見ると600件以上。総相談件数の実に半数以上を占めています。
キーワードは**「ブラック企業」**です。

製造業を営むB社の人事部に勤めているCさんは、その年の新卒者採用に関してちょっとした違和感があったと言います。というのは、内定を出してからわずかの間で、辞退者数が例年を上回ったのです。

普段ならば、「そのような年もあるか。これも想定内だ」と割り切るところですが、何かしら嫌な予感があったと言います。

それは毎年、「この子は必ず入社する」と確信する、いわゆる「特A」と呼ばれるランクの内定者までもが断ってきたのです。それも、内定通知を送った数日後に連絡があったと言います。

新卒者採用に慣れているCさんも、これには何かあると思いました。それでもまだ、のちに会社を揺るがす事態になるとは想像できなかったのです。

実際にそうなるまでには、時間はかかりませんでした。なぜなら、一日に一人、二人だった内定辞退者が日を追うごとに加速して、怒涛のように押し寄せてきたからです。

Cさんたちは、ただ対応に追われるばかりでした。原因は特定できず。手の打ちようがないまま、数週間後には内定辞退者数が60名に達し、採用予定者の実に6割になってしまったのです。
当然のように、人事部は会社から総攻撃を受けました。経営陣はもちろんのこと、各セクションからも責められました。

ようやくわかったその原因は、インターネットで流れていた風評でした。
B社の会社名で検索すると、つぎのように表示されていたのです。

「B社　ブラック企業」

もう説明はいらないでしょう。これを見た就職希望者で、B社に入社してくる人は多くはないでしょう。また、たとえ内定をもらっても辞退する人もいるはずです。
ほかに行くところがなくて、仕方がなく入ってくる人もいるでしょうが、それでは優秀な人材を確保するのは難しくなります。

その検索結果をクリックすると、企業のネガティブ情報を集めたサイトが次々に現れました。

そして驚いたことに、現役社員や元社員を名乗るユーザーが、こぞってＢ社の悪評を書いていたのです。身内による炎上から風評被害を招いた最悪のケースだといえます。

「またまた終電まで残業だ」

「あの会社は、上司が帰るまで帰れない」

これだけを読むと、あたかもパワハラが日常化しているような印象を持ちます。

もちろん、Ｂ社にはそのような事実はありません。なのに、たったひと言、**「ブラック企業」**という言葉が表示され、それを見た人が信じてしまうだけですべてが崩壊してしまうという恐怖。

いま、この言葉ほど就職活動中の学生を不安に煽り立てる言葉はないと言ってもいいほどでしょう。

B社が失った優秀な人材は約60人。人的損害は莫大でした。

ただ幸いなことに、早い段階でネット上に広がりはじめた風評に気がついたので、そこで手を打つことができました。

もしそれに気がつかなかったら、翌年も、またその翌年も応募者数が減り続け、たとえ内定を出しても逃げられ続けていたでしょう。

Cさんたち人事部も、毎年、優秀な人材を採用できないまま。その結果、B社は深刻な人材不足に陥り、ついには倒産の危機に見舞われる可能性も、ゼロとはいえなかったでしょう。

たかがネットの風評と侮ってはいけません。1つの会社をつぶすほどの力があることを認識するべきです。

ネット風評被害の恐さ②

- **身内による炎上から風評被害に発展することも多い**
- **「ブラック企業」とレッテルを貼られると、経済的・人的な被害は甚大**
- **風評に気がつくのが遅くなると、会社がつぶれる可能性も**

【事例3】過去の失敗を大々的に取り上げられて、店舗展開がストップ

ネット風評被害の大きな特徴の1つは、本人がまったく気づかない間に広がっていくことです。そのため、気がついたら将来の展望が全然、見えなくなってしまっていた――そんなケースがこれからお話しする事例です。

ここで取り上げるのは、特別な大企業ではありません。どこにでもある、みなさんにも身近な香水ショップで起きた風評被害です。

香水ショップを経営するDさんが当社を訪ねてこられたのは、2013年の秋ごろでした。エントランスに入ってきたときにはすでに顔が青ざめていました。

Dさんは思いつめた表情でこう切り出しました。

「お店の不渡り情報が知らない間に流れているんです。これって、何とかならないでしょうか？」

もともとは、生花業を本業としていたDさん。花好きが高じて始めた自社の香水ブランドがセレブに好評で、たった数年で一気にお店が開花しました。

周りの人からはこんな声もかけられました。

「お花と香水、どっちが本業かわからないね」

こんな冷やかしの言葉をかけられても、Dさんはまったく気にしませんでした。それほど商売は順調に進んでいたのです。

百貨店業界からの信用も得られて、一軒、また一軒とテナントも増えていき、店舗展開にも拍車がかかってきました。

そのときです。契約更新を迎えたある百貨店の担当者から、いきなりこんな宣告を受けたのです。

「来年のテナント契約は見送りたいと思います」

まさに、寝耳に水。どうしてそんな事態になってしまったのか、まったく理解できませんでした。

そんなDさんを見た担当者は、数枚の書類を取り出しました。それはインターネットにあるサイトの書き込みをプリントアウトしたものでした。

Dさんはそれが何か尋ねました。

担当者はそれを指さして、つぎのように説明しました。

「これは不渡り情報です」

その書類は、Dさんが経営する生花会社にかかわる不渡り情報でした。担当者が更新手続き用の書類作成のために、生花会社についてネットで検索したところ、このような書き込みが見つかったというのです。

「この６か月間に二度の不渡りを出し、銀行から取引停止処分を受けている」

さらには、不渡りの詳細な内容も書き込まれていました。

「●年●月●日　○○銀行に振り出した●万円の手形が落ちず。第一回目の不渡りを出す」

「●年●月●日　同じく○○銀行に振り出した●万円落ちず。第二回目の不渡り」

そしてそこには、丁寧な解説までつけ加えられていたのです。

「信用を失った生花会社はどこからも融資を受けられず、事実上の倒産」

Dさんがテナント契約の更新を打ち切られたのは、このことが理由でした。

たしかにDさんは、過去に不渡りを出したことがあります。しかし、それは10年以上も前のことでした。

かつては、花園を開こうとする業者もいて十分に潤っていた生花業も、異業種からの参入が相次ぎ、競争がはげしくなっていました。

Dさんは当時、なんとか細々と持ちこたえていましたが、投資に失敗してしまい、資金繰りが悪化してしまったのです。

ただそのときも、不渡りを出したのはその一回きりでした。二回目の不渡りを出した事実はありません。

Ｄさんはその後、別のテナントショップからも契約打ち切りの通告を受けました。さらには、新規の出店コンペにも落ちてしまったそうです。

その担当者からは、内々にＤさんのお店に決まっていると知らされていましたが、発表段階でライバルのコスメショップにくつがえったのです。

誰が書き込んだのかわからない、しかも事実とは違う、たった数行ばかりの書き込み。

そのために、Ｄさんの今後の出店計画はもとより、ビジネスの将来の見通しすらおぼつかなくなってしまいました。

ネット風評被害の恐さ③

- **過去の失敗に尾ひれがつき、事実とは異なる内容で広まることも**
- **大企業だけではなく、中小企業、個人商店もターゲットになりうる**

【事例4】
人格を否定され、会社も新興宗教扱いされた

エステ業界ではカリスマと呼ばれているEさん。年商およそ数億円を稼ぐ経営の手腕はもちろんのこと、美への熱い思いやその社員教育は周りが驚くほどユニーク。マスコミで「名物美人社長」ともてはやされることもたびたびありました。

そんなEさんのキャラクターがまさか思わぬところへ飛び火するとは、Eさん自身、思ってもみなかったでしょう。

それはちょうど創業20周年を迎える直前のことでした。Eさんは「エステティックE」の創業以来、本店を構えていた郊外の街からセレブに人気の街へ移転しようと夢を描いていました。

そこでいろいろな物件を当たり、ついに希望の物件を探し当てました。物件の契約に必

要な審査書類も滞りなく提出し、あとは不動産会社の審査部からの回答を待つばかりでした。

ところが、担当者からは思わぬ回答が戻ってきました。

「今回は賃貸契約を見送ります」

Ｅさんは戸惑いました。なぜなら、Ｅさんには断られる理由がまったく思い当たらなかったからです。業績にしろ、資産にしろ、企業規模にしろ、「エステティックＥ」に非の打ちどころはないはず。

なのに、担当者は、不動産のオーナーが出している条件に引っかかったと言うのです。オーナーは堅実な商売をしてきた方で、この物件も信用できる方に長く借りてほしいと希望していました。

そこになぜか、引っかかるというのです。

担当者は続けてこう言いました。

「Ｅさん、ご自分の名前をネットで検索したことがありますか？　一度、検索なさってみることをおすすめします」

半信半疑で検索してみると、そこには信じられない言葉が書き込まれていたのです。

「Eは[redacted]教の信者で、売り上げの多くをそこに献上している」

「Eの経営するエステ店は、[redacted]教の信者ばかりです。就職すると入信させられます」

Eさんはわが目を疑いました。

宗教？　信者？　入信……？

Eさんには、いっさいかかわりのない世界のことでした。

たしかに、Eさんの社員教育は熱心で一風変わったものかもしれません。しかし、その独特の方法で優秀な社員を育て上げ、ここまでエステ店を広げてきたのは、まぎれもない事実です。

その実績を、いわれなき誹謗中傷が一瞬にして打ち崩したのです。

Eさんは、どうしてそんなことを言われるのか、まったく見当がつきませんでした。独自の教育方針が誤解を受けたのか、あるいは誰かが個人的な恨みを持っていたのか……。ただ、何者かが悪意があってそのような書き込みをしたことは間違いありません。

バイタリティあふれる社交的なEさんでしたが、それからはあれほど好きだったパーティーに出ることも恐ろしくなったそうです。にっこりほほ笑む相手の心の声が聞こえるようになったのだと言います。

「この人がうわさの社長ね」

それまではばらまくように配っていた名刺も、差し出すことができなくなりました。そしてそれは、新たな物件が見つかるまで続いたといいます。

このように、ネット風評被害は経済的な打撃はもちろんのこと、被害を受けた人の心にも深い傷を残すものなのです。

ネット風評被害の恐さ④

・経済的な打撃だけでなく、精神的な打撃も同時に受けてしまう

【事例5】法改正が勝手に解釈され、卸業者との取引条件が悪化

今度は、一部の人間が勝手な解釈で書き込みをしたために、それがエスカレートして甚大な被害をこうむった例です。

2006年6月、薬事法が改正されました。それまで販売方法に関する規定がなかった医薬品ネット通販市場に制限が加えられたのです（その後、2013年にネット販売全面解禁が閣議決定されています）。

医薬品をネット通販で3年近く販売していたF社にとっても、その薬事法改正の影響は少なくありませんでした。なぜなら、今回、薬剤師の対面販売を義務づけられた風邪薬、胃腸薬、育毛剤は、F社の売り上げに大きく貢献していた主力商品だったからです。

消費者の不安な声が、インターネット上に上がりはじめました。消費者からすれば、今までネットで買えていた薬が買えなくなるので、これからどうなるのか不透明に感じたのでしょう。

「あの薬はもうネットで買えなくなるの？」
「F社は本当に大丈夫なの？」

消費者は、F社が規制の対象となり、その結果、利便性が失われるのではないか、と心配していたのです。なのに、それがいつの間にか拡大解釈され、尾ひれはひれがついて、**「F社　営業中止」「F社　倒産」**などといったキーワードが出てくるようになってしまいました。

そして、この消費者の不安心理が直接、別の消費者に影響しただけではなく、それを見た卸会社が不安を感じたのです。

薬事法の改正がされてからしばらく経ったときのことです。仕入れ担当のGさんは、医薬品卸業H社から思ってもみない通知を受けました。

「来月からの取引は、現金取引でお願いいたします」

突然の、取引条件の変更でした。


H社は、消費者がF社の今後を不安視していることを重く見ました。そこで出した結論が、しばらく様子を見る、取引は安全を考えて現金にするというものだったのです。

H社の担当者はGさんに言いました。

「あくまでも、先行きが見えるまでのことですから」

しかし、事はそう簡単に運びませんでした。なにしろ、F社の取引のなかでもっとも額が多いのがH社だったのです。

加えて、他社もH社の取引条件の変更を耳にしたのでしょう。翌日からは、他社も現金取引への変更を通知してきたのでした。


F社はその対応に追われました。いかに資金を回していくかが喫緊の問題になりました。

ネット通販の場合、お客さまの支払いはそのほとんどがクレジットカードか、代金引換です。医薬品を販売しても、直接、手元に現金が入ってくるわけではありません。

それまでは、商品を販売してから売り上げが上がるまでに生じるタイムラグと、売掛による支払い猶予が、いいサイクルで回っていました。それが現金取引になってからは狂ってしまいました。

現金払いになったために、仕入れ先への支払いが先になり、F社に現金が入ってくるまでに長いときには2か月も待たなくてはならなくなったのです。

しかも、金融機関からの融資も見込めません。なぜなら、現金払いしか受けてもらえないのは、すでに信用を失っていることと同じだからです。そんな会社に融資をしてくれる金融機関はありません。

まさに、八方ふさがりの状態に追い込まれてしまいました。

それからというもの、しばらくの間、F社はただじっと、資金循環が悪くなったなかで耐えるしかありませんでした。

この例も、ネットに書き込まれた消費者の不安の声が原因です。たった数件の書き込みがF社の命運を変えてしまったのです。

ネット風評被害の恐さ⑤

・事実とは違う勝手な解釈が独り歩きしてしまう
・消費者だけではなく、ほかの取引先にも影響する

【事例6】
解雇した社員が恨みをこめて
風評被害を引き起こすことも

最後は、意図的に風評を立てられた例です。ネット風評のなかには、不運にもたまたまそのような結果になったものもありますが、わざと相手を貶めるために引き起こされたものもあります。

彼らは、ネット上という仮想空間で相手を罠にはめる仕掛けをつくり、その結果、リアルな現実社会で復讐を果たそうと画策するのです。

聞くだけでも恐ろしい計画ですが、これもネット風評被害の一面であることは間違いありません。

ある地方都市でI印刷所を営むJさんは、ネット風評被害に関する雑誌記事をたまたま読んで、自分の会社名をインターネットで検索したそうです。それは、私のところへ来られる半年前だったといいます。

実は、その頃からわずかながら、お客さまからの注文が減りはじめていました。普段ならば、黙っていても注文が来るような定期的な印刷物も来なくなっていました。

そしてついには、中学校の父母会の会報の注文まで来なくなったのです。これは、売り上げ自体はそれほど大きくありませんでしたが、地方都市の狭い地域では中学校との取引は会社の信用を表すものでもありました。

Jさんは、「まさか、うちに限ってネット風評被害なんてあるわけない」と思っていました。ところが、軽い気持ちで検索窓に会社名を打ち込んだ数秒後、Jさんはわが目を疑いました。

「I社員は放火魔!」

なんと、雑誌で読んだネット風評被害の記事と同じように、自社のホームページのつぎの順位にネガティブなサイトが現れたのです。それは、「K」と名乗るユーザーが掲示板に新聞記事を貼りつけているものでした。

それは、Jさんが父親からI印刷所を受け継いだころに起きた2つの事件にかかわる記事でした。

1つはその地方を騒がせ、恐れさせた連続放火事件。事件が発覚してから3か月後、逮捕されたのは、驚くことにI印刷所の従業員でした。

もう1つは、やはり印刷所の従業員がかかわった窃盗事件です。それらの記事をハンドルネームの「K」は、Jさんが気がつく1年前からそのページに貼りつけていたのです。

そして、それ以外にも、事実とは異なる印刷所内での醜聞を書き立てていました。

続けて「I印刷所」で検索していくと、先ほどの掲示板だけでなく、「I印刷所」とセットで「放火」「窃盗」、さらには逮捕された社員の実名までもが検索結果に表れるようになりました。

さらにもっと驚くことがありました。そこには内部事情を知らないと書けない内容もあったのです。

「祝！　中学校取引停止！」

これは異常な事態です。このままでは、取引先がどんどん逃げていってしまう……Jさんはこれを見て、強い危機感を覚えました。

内部事情を知っている誰かが、悪意を持ってネットに書き込みをしている、今のうちに何とかしなければいけないと固く決意したのです。

そして当社を訪れたころには、Jさんは一連の動きを把握していました。なんと、書き込みをしていた「K」というのは、放火で逮捕されたKという元従業員だったのです。

Kは、逮捕が原因で解雇されたことをいまだに恨んでいるようでした。その恨みをなんとか晴らそうと、掲示板にあることないことを書き込んでいたのです。

このように、ネット風評被害は、個人的な恨みを持っている人が意図的に引き起こすこともあるのです。

ネット風評被害の恐さ⑥

・恨みを持った関係者が意図的に風評を流すことがある

【まとめ】
ネット風評被害の本当の恐さはここにある

ここまで、ネット風評被害の恐怖について、事例をもとにお話ししてきました。一度、整理して確認しておきましょう。

1　ネガティブな情報ほど急速に拡散される

風評が広がるのは特殊な場合だけと甘く見てはいけません。たしかに、事件や事故、災害が起きた非常時は、より風評が起こりやすくなります。

しかし、普段の日常生活のなかでも風評被害は発生します。それは、私たち人間の心理の中に、ネガティブな情報ほど信じやすい特徴があるからです。

これを心理学では「ネガティブ・バイアス」と呼んでいます。これは、ポジティブな情報がたくさんあっても、一つネガティブな情報に触れてしまうと、人はその情報の影響下に置かれてしまうという心理です。そのため、その情報源が定かでなくてもそれを信じてしまいやすくなります。

本来ならば、その情報が本当かどうかは、きちんと確認するはずです。ビジネスの現場では、相手の情報が確実かどうかはその後の展開に大きく影響しますから、必ずその情報源にあたって確認します。

それがネットの場合、ネガティブな情報は疑われずに信じられ、場合によってはさらにねじ曲げられて拡散される傾向があります。そのため、ほんの些細なことからも風評が起きてしまう可能性があるのです。

風評が起こることを前提とした対策を練っておくことが大事だといえます。

2 デマは消えないだけでなく、何かのきっかけで再燃する

これもネットの特徴ですが、一度書き込まれた情報は、削除されない限り、半永久的に残り続けます（リアルの世界では、「人のうわさも七十五日」と言いますが）。

たとえば、あなたの会社が「ブラック企業」などと書かれたとします。それが真実ではないからいずれは消えるだろうと放置していると、命取りになってしまいます。

先ほど、「ネガティブな情報は信じられやすい」と話しましたが、それが自分の利害関係に直結するものならば、読んだ人はできればその企業は避けようとするでしょう。

さらに怖いことに、その痕跡が残っている限り、何かのきっかけでそれが再燃、再炎上する可能性もあります。

この章で取り上げたなかにもそのような例がありましたが、それが何十年も前の出来事でも、読む人にとっては関係ないことです。

そもそも、そのような書き込みの多くは、いつ、それが起きたか書いていません。その結果、読者はそれが過去のことか、つい最近の出来事か判断できません。こうしてそれが再び、炎上する火種になるわけです。

このため、企業の広報・ウェブ担当者は風評になりそうな書き込みはないか、つねにチェックする必要があります。検索エンジンに自社の名前や代表者名、あるいは会社で人気のある商品やブランド名を入力して、怪しい情報が出ていないかを調べます（危険なキーワードについては後述します）。それがネット風評被害を防ぐ確実な方法です。

3　誰でも巻き込まれる可能性がある

ネット風評被害のターゲットとなるのは、芸能人や大手企業に限りません。もはや、誰でもその被害にあう可能性があります。

極端な話、あなたのことを快く思っていない人がいたとして、その人が、あなたのことを誹謗中傷する、暴言を吐く、あるいは嘘をでっち上げて書く可能性もゼロではありません。

やっかいなのは、それが真っ赤な嘘であっても、読んだ人が信じてしまうことです。

そして、あなたのことをよく知らなくても、面白半分でそれを拡散するような人もいるのです。ツイッターや2ちゃんねるに張りつき、つねに何かネタはないかと探している「炎上仕掛け人」の存在がよく知られています。

4 対応のために時間とコストがかかる

ネットで風評被害が起きると、すぐさま対応に追われるようになります。それも、通常の対応のスピードではとても間に合いません。

大企業の場合は、クレーム対策をする部署があると思いますが、中小企業では、そもそものような部署がなく、その商品を担当する営業マンがその対応にあたる場合が多いようです。

その場合、何よりも、余計な時間と人件費がかかってしまいます。加えて、通常業務にまで手が回らなくなると、それにともなう損失も出てきます。

もちろん、クレーム対応のみを外注する方法もあります。たとえば、クレーム対応に特化しているある電話代行会社に外注すると、24時間対応でクレームのコールが月に400件までで約10万円。それ以上になると、一件につき350円の追加料金がかかります。ちなみに、これは受信だけなので、発信も依頼すると、それ以上のコストがかかってしまいます。

5　誰が書いたかわからない「匿名性」

どんなに便利な世の中になっても、その機能を使いこなすのは私たち人間です。モラル、道徳観がしっかりしていれば問題は起きないはずです。

問題が起こるのは、それが希薄になってきた証拠といってもいいでしょう。これは、ネットの匿名性とも大きな関係があります。匿名だから悪口を書いても見つからない、相手を批判してもわからないだろう、という安易な考えが根底にあるのです。

ちなみに、第3章でもくわしくお話ししますが、匿名の記事でも誰が書いたかを調べる方法はあります。あまりにひどい場合や犯罪の可能性が高い場合には徹底的に調べられます。

もしそれで人物が特定されれば、裁判を起こして名誉毀損で訴えたり、損害賠償を請求することができます（ただ、裁判を起こすにはそれ相応の費用がかかり、判決が出るまでには時間がかかるので、いますぐなんとかしたいという場合には向きません）。

もっと危機管理意識を

風評被害は、なにも最近はじまったものではありません。大きな事件や事故、災害などが起きたときには、必ずと言っていいほど真実とは違う噂が流れます。

たとえば、2010年3月、宮崎県で口蹄疫（家畜伝染病の一つ）が流行したときには、宮崎ナンバーの運送業者の積み荷が、徹底した消毒を行っていたにもかかわらず、県外での受け取りを拒否されるという被害が起こりました。これなども風評によって起こされた被害です。

しかし、ネットでの風評被害はその恐ろしさの桁が違います。

規制が現状にまったく追いついていないため、いまやネットは無法地帯と化し、やりたい放題になっています。

書かれていることの何割かは嘘だともいわれ、その手口も巧妙化、さらに陰湿化しています。

時代は待ったなしです。すぐに自衛策を取らないと、いつ、あなたやあなたの会社が巻き込まれるかもしれません。

しかし、これだけ被害が出てきている割には、ウェブを管理しているセクション、会社の危機管理意識が低すぎると私は感じています。

「これくらいなら大丈夫だろう」という気持ちが、さらなる炎上を招くのです。

第2章

大前提は「ネット炎上を未然に防ぐ」

ネット炎上　よくある7つのパターン

ネット風評被害の恐ろしさのひとつは、それが知らない誰かの書き込みによるもので、気づかないうちに広まっている場合があるということは、すでに指摘しました。

その一方で、社員や関係者による書き込みから「ネット炎上」が発生し、そこから誹謗中傷やデマが広がっていくケースもよくあります（第1章、事例2）。

ネット掲示板やツイッターなどで何かネタはないかと探している「炎上仕掛け人」に格好のネタを提供してしまう形となり、さらに根拠のない尾ひれがついて、とんでもない内容になって拡散することもあるのです。

このような形で、自分たちの不注意により風評のもとをつくるようなことは、なんとしても避けなければなりません。

つまり、ネット風評被害を未然に防ぐ大前提として、

社員や関係者の書き込みによる炎上を起こさない、

ということが、重要になってくるのです。

というわけで、この章では、「ネット炎上」を起こさないためにできることについてお話ししていきます。

まず、ここで実際によく起こりがちな炎上のパターンを見てみましょう。大きく分けて、つぎの7つのパターンがあります。

【炎上パターン①】失言、暴言

ネット炎上の原因では、これがいちばん多いという統計が出ています。

2013年、ニューメディアリスク協会が「今年のネット炎上への印象について」というアンケートをとった結果では、最も多いのは「アルバイトを含む従業員の暴言や情報漏洩による炎上」という回答でした（35・4％）。

図1　最も印象に残ったネット炎上事件

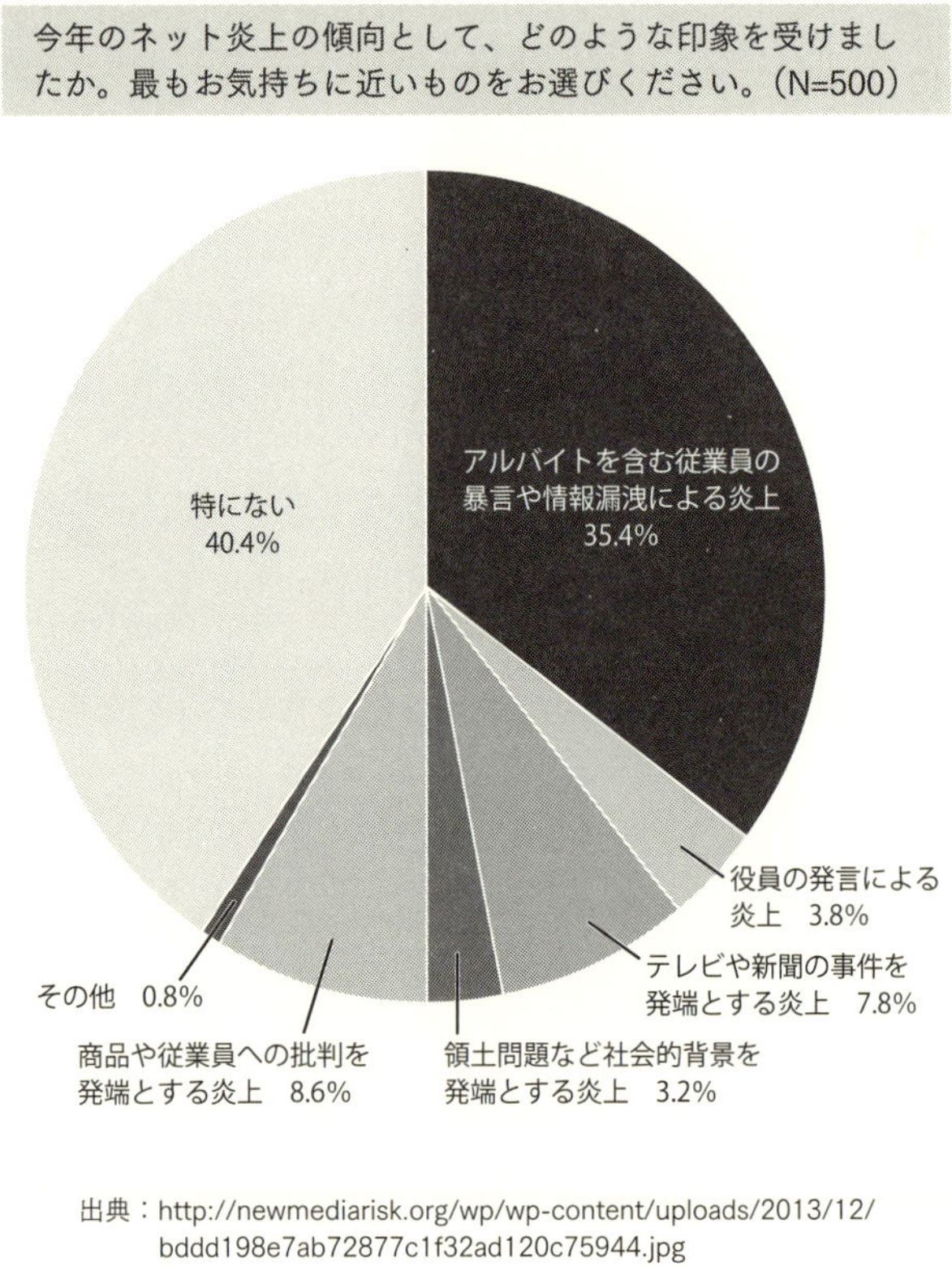

出典：http://newmediarisk.org/wp/wp-content/uploads/2013/12/bddd198e7ab72877c1f32ad120c75944.jpg

役員の発言による炎上も3・8％あります。

ネットの事例ではありませんが、ある食品会社が集団食中毒事件を起こした際、社長がマスコミの記者に向かって、「そんなこと言ったって、私は寝てないんだよ!!」と発言し、世間から集中砲火を浴びたことを覚えていらっしゃる方もいるでしょう。

その結果、苦情や批判が殺到し、謝罪する事態となることもあります。企業トップによる失言ほどダメージの大きいものはないでしょう。

このような失言、暴言は、政治家の世界でも嫌というほど繰り返されてきました。

それでもなくならないのは、人は状況により、そういう発言をしてしまう傾向があるということを物語っているのかもしれません。

【炎上パターン②】悪ノリ、悪ふざけ

みなさんの記憶にもまだ残っていると思いますが、アルバイトの学生が食べ物を使った悪ふざけをＳＮＳに投稿して炎上した事件がありました。
ニューメディアリスク協会が発表した「２０１３年に起こったネット炎上で知っている炎上、印象に残った炎上」というアンケート調査でも、「知っている炎上」の1位は「アイスケースに入って遊んだ写真を投稿」(45・6％)、2位は「店内で客が全裸写真を撮影で炎上」（42・４％）という結果になっています（http://newmediarisk.org/news/news131227.html より)。

一例をあげてみます。ファストフードチェーン店のアルバイト店員が勤務中、販売している食べ物を使って悪ふざけをしている様子をビデオに撮影して、ＳＮＳに投稿しました。するとそれに対して、すぐに反応が返ってきました。

「食べ物を粗末にしている」
「非常に不衛生だ」

当然のことながら、批判的な意見が相次ぎ、ＳＮＳが炎上する騒ぎになりました。

そして、その矛先はチェーン店にも向けられました。苦情のメールや電話が殺到したため、チェーン店は謝罪を発表する羽目になりました。

その後、マスコミでも取り上げられると、さらに騒ぎが拡大。チェーン店は動画を撮影したアルバイト店員を特定して処分を下すまでに至りました。

たとえ仲間内で悪ふざけでしたものでも、ネットに投稿したために騒ぎが大きくなった例です。それだけネットの伝播力が凄いことの証でもあります。

【炎上パターン③】サクラ

これは、いわゆる「口コミサイト」を悪用して、企業などがイメージアップを図ろうとして失敗する例です。

みなさんも最近は、商品を買うときやお店を探すときに、一般の人が投稿する口コミサイトを参考にしているのではないでしょうか。

商品をつくっているメーカーやお店などが提供している情報は、どうしてもメリットばかりを強調しています。それだけを鵜呑みにして判断はできません。

一方、口コミサイトには、ユーザーの本音が語られています。当然、いいことも悪いことも書いてあります。だからこそ、判断の基準として多くの人が利用しています。

そこで、あるメーカーが自社製品を宣伝するため、この口コミサイトをつくりました。わざとつくったわけですから、いわゆる「サクラサイト」です（宣伝と気づかれないように宣伝することを「ステルス・マーケティング」、略して「ステマ」と呼びます）。

そこに、一般のユーザーを装ったスタッフが書き込みました。いかにもそれっぽく書いたつもりでしたが、すぐにバレてしまって炎上したのです。


決め手になったのは、そこに使われていた商品の写真でした。いかにもプロが撮ったような、素晴らしい出来だったのです。素人ではそうはいきません。

書き込まれた文章自体も不自然なものでした。口コミサイトを読みなれている読者は、それがおかしいことをすぐに見抜きました。

結局、その口コミサイトは、メーカーが自作したものだということがわかり、閉鎖に追い込まれてしまいました。

このような事例は、ブログの記事などでもよく見られます。影響力のあるブロガーが、報酬をもらって、特定の商品をおすすめする記事を書くものです。

これも高い確率で見抜かれることが多く、それが炎上へと発展するのもよくある話です。

【炎上パターン④】ねつ造、やらせ

「サクラ」に似たパターンに、「ねつ造、やらせ」があります。

これも、真相が明らかになると、あっという間に炎上します。それほどネット利用者は工作を嫌うし、ソーシャルメディアはそれを指示した人間を辞めさせるだけの力を持つこともあります。


今から数年前、ある地方で原発の再稼働に向けた県民向けの説明会が開かれました。そのときに「やらせメール」問題が発覚しました。

そのきっかけになったのが、ある男性のブログ記事だったのです。

原発説明会に向けて、電力会社がグループをあげて「○○県民を装って運転再開を要望するメールを発信せよ」と半ば業務命令したというのです。

これは、その前日に男性が親子のスポーツ大会に参加し、同じチームになった電力関連企業に勤める社員が漏らした愚痴から知った事実でした。

説明会の模様は、地元のケーブルテレビとネットの動画ライブ中継で放映することになっていました。また、視聴者からはメールとFAXで意見や質問を受け付けるということです。そこへの参加を要請されたそうなのです。


彼は文面のコピーも見せてくれました。

「○○県民の共感を得られるような意見を送ってほしい」

またそれに加えて、「会社ではなく、自宅のパソコンから送るように」といったことも書かれていました。その男性は、これは見過ごせないと自分のブログに書き込みました。

それがつぎつぎに広がっていき、炎上騒ぎにまでなったのでした。


それにしても、このような要請をメールで一斉に送るという行為も、あまりにも無防備だといえるでしょう。正確な数はわかりませんが、おそらく数百、あるいは千を超えるメールをそのまま送っていたようです。

いくら関連企業の社員だからといって、そこから漏れるとは思わなかったのでしょうか。ネットでは、このようなやらせやねつ造が発覚した場合、必ずと言っていいほど拡散し、炎上すると考えていいでしょう。


【炎上パターン⑤】商品やサービスへの不満、怒りへの対応の悪さ

ユーザーが商品自体やサービスへの不満をぶつけたとき、その会社の対応が悪いと、これもすぐに炎上します。

企業側にとっては、不買運動にまで発展すると業績に強く影響を与えますので、その対応には慎重さが要求されるところです。

日本で最初にネットで話題になったクレーム処理事件の例をお話ししましょう。

1999年に起こったある電化製品の修理をめぐって、ユーザーが会社の対応に不満を持った例です。

修理を依頼した消費者は、担当者との会話を録音。その音声を自身のホームページに公開しました。その内容はメディアにも取り上げられ、不買運動にも発展。

会社は、内容の一部を削除するように仮処分を申請しましたが、取り下げる事態になり、ついには謝罪をすることになりました。


このように、対応を間違えると、炎上はますます大きくなります。たとえ企業側に言いたいことがあっても、それを前面に出すと収拾がつかなくなることもあります。

その発言が会社の業績を左右するほどの影響を持つことを知らなくてはいけません。

たかがクレームだと軽く見ていると、とんでもない事態を引き起こすことを肝に銘じる必要があります。


ユーザーの怒りから学び、いまや多数のユーザーを味方につけることに成功した例もあります。アメリカのＤＥＬＬ社のケースです。

あるユーザーが、ＰＣトラブルに対するカスタマーサポートが不誠実だという批判をブログ上に書き込みました。そこに多くのサイトやブログがリンクしました。

しかし、DELL社は当初、それに対して何も対応を取りませんでした。その結果、検索エンジンの上位にDELL社に対するネガティブなコメントが表示され、不買運動まで起きてしまったのです。

これは、DELL社の効率一辺倒の経営への批判でもありました。それ以降、DELL社はその価値観から脱却し、ユーザーが製品・サービスへの要望やアイデアを自由に投稿できるコミュニティサイト「IdeaStorm」を開設。協働型ソーシャルメディアの成功例として語られるまでになりました。

【炎上パターン⑥】価値観の否定

ブログやSNSは、ネットを利用するユーザーの考え方や価値観を自由に書き込める場です。

その結果、同じ価値観の人がコミュニティをつくり、その人たちだけの社会をつくり上げています。

そのようなネット上の特定の価値観を否定すると、否定された価値観を持った人たちが大挙して反論を始め、その結果、炎上に至るケースがあります。

会社の例ではありませんが、2008年に、ある掲示板形式の投稿サイトに、つぎのような投稿が載りました。

「夫がオタクで困っている」
「くだらない人形を集めているんです」

これは、妻が夫の趣味を否定した発言でした。夫が趣味で集めていた超合金の人形を、夫が仕事でいない間に捨ててしまったことを告白したのです。

これを見たネットユーザーたちは激しく反応しました。もともとネットユーザーには、この夫のような嗜好を持つ人たちがたくさんいます。その人たちの価値観を否定したことになりますから、つぎつぎと書き込みがされました。

「離婚だな」

「ひどすぎる」
「反省するのはあなたでしょ」

あっという間に、そのコメント欄は炎上しました。

また、ある国会議員が提出した請願がきっかけで、議員が運営する掲示板が炎上したこともありました。

その議員は、美少女アダルト系アニメ雑誌とゲームの規制を求める請願を行っていたもので、その内容はつぎのようなものでした。

「アダルトゲームで青少年は心を破壊され、人間性を失う」

これにもネットユーザーが飛びつきました。議員が指摘したゲームやアニメは、インターネットの世界では当たり前のように閲覧されていますし、議員のこの論理には飛躍があると言わざるを得ません。

「自分はアダルトゲームをやっているが、人間性を失っているというのか」
「アダルトビデオは問題ないというのか」

議員の掲示板だけではなく、2ちゃんねるでもたくさんの書き込みがされて、批判はなかなか収まりませんでした。

信念を持って発言することは重要ですが、ネットではその発言を膨大な数のユーザーが見ていることを忘れてはなりません。ある価値観を一方的に否定すれば、必ずそれに対して反論が返ってきます。

炎上してサイトを閉鎖するくらいならば、価値観を否定する発言は最初から慎んだほうがいいでしょう。

【炎上パターン⑦】暴露

これもよくある話です。会社や個人の秘密を知ってしまった場合、それを黙っていることができず、誰かに言いたくてついネットに書いてしまう例です。

2011年にこんなことがありました。東京のある有名なホテルのレストランに、有名なスポーツ選手と人気モデルが来店しました。

それを知った女子大生のアルバイトが実名を挙げてツイッターに書き、なおかつ宿泊予定だったことまで暴露してしまったのです。

「○○○と□□□がご来店。○○○○、まじ顔ちっちゃくて可愛かった……。今夜は二人で泊まるらしいよ　お、これは……（どきどき笑）」

まだ交際が表面化していない大物カップルの情報だったので、瞬く間にそれは広がっていきました。

もちろん、お客さまの宿泊情報を漏らしたことが批判の対象になりました。ホテルにとっては、お客さまのプライバシーを守ることは最大の義務ですから。

なぜ女子大生が宿泊の情報を知っていたのかも話題になりました。フロントのアルバイトとつながっているのではないかという書き込みもされました。

書いた女子大生はすぐに特定され、顔写真までネット上にさらされました。そして同時に、ホテルの総支配人からのお詫びもサイト上に掲載されるに至りました。

以前ならば、たとえそのような有名人を見ても身の回りの人に言うだけでしたが、今は簡単にSNSに投稿できるようになりました。社員やアルバイト従業員がこのようなことをしないように教育したいものです。

ネット市民の監視がさらに厳しいアメリカ

ネット炎上は、もちろん日本だけで起こっていることではありません。ネット先進国のアメリカには、日本のネットユーザーよりも厳しく監視しているネット市民がいます。

つぎのような事例がそれを象徴しています。これは、先ほども出てきた「ステルス・マーケティング」のモラルについて考えるきっかけになった例です。

２００６年、世界最大の小売店「ウォルマート」がＰＲ会社と組んで「やらせブログ」を立ち上げてキャンペーンを行いました。それが発覚してブロガーたちから猛反発を受けた事件です。

そのころ、巨大スーパーのウォルマートは、悪い企業イメージに悩んでいました。給料の低さや待遇の悪さを指摘され、今の日本でいう「ブラック企業」のレッテルを貼られていたのです。

そのイメージを払拭しようと大手のＰＲ会社に相談したところ、一般市民のブログを利用してイメージをアップするという提案を受けました。それで立ち上げたのが旅行ブログです。

これは、カップルが西部のラスベガスから南東部のジョージアまでを車で旅するというもので、その途中の宿泊場所をウォルマートの駐車場にするというものでした。

当時、ウォルマートはサービスの一つとして、旅行者に駐車場を無料で提供していました。そのサービスを利用して、全米のウォルマートをつぎつぎに訪れ、そこの従業員との交流を伝えようとしたのです。

もちろん中身は、そこで働く従業員はとてもいい人ばかりだというエピソードばかりです。やらせですから、当然、そのような内容でした。

ところが、このやらせが発覚します。カップルもサクラです。記事を書いていたのは女性のほうで、プロのライターでした。

男性のほうは新聞社のカメラマン。彼らは身分を偽って参加していました。それがまた、ブロガーの非難の的になりました。

ブログはたちまち炎上。ネット上では商品のボイコット運動が叫ばれ、まもなくブログは閉鎖されました。

ブラック企業のレッテルを貼られている企業ですから、その会社に関連するブログや口コミはつねに監視されています。そのような状況下で、いいところばかりをほめるブログが出れば、それはうさんくさいと思われるでしょう。

PR会社の狙いは、グーグルのSEO対策（Search Engine Optimization、検索エンジン最適化。ある検索エンジンの検索結果でより上位に現れるように施策を行うこと。↓157ページ参照）でした。

マイナスの書き込みがたくさんあるなか、プラスのコンテンツ（旅行ブログ）が検索の上位に上がれば企業のイメージアップになると考えたのです。

しかし、それは大失敗に終わりました。非難の矛先がPR会社にまで向かい、結局はウォルマート社のCEOが謝罪することになってしまいました。

この事例の問題点は、すべてを隠していたことです。もし最初からこの旅行ブログはウォルマートがサポートしていると公表しておけば、炎上は起きなかったかもしれません。カップルも応募を受け付け、抽選で決めていれば、これも問題は起きなかったでしょう。ただ、それで効果があったかどうかはわかりませんが……。

中国、東南アジアでも炎上が止まらない

中国では、ツイッターなどの使用が規制されているため、独自のミニブログである「微博」（ウェイボー）が多く使われています。

皮肉なことに、中国では公のメディアよりも市民同士の口コミのほうが信頼されている現状があるので、国内のメディアよりも影響力は強いとされます。

ここで炎上になりそうになった事例として、つぎのようなものがあります。

日本のある航空会社は、空港での対応が悪いスタッフがいると微博に書かれました。そこで同社は、対応したスタッフの名前や特徴を教えてくれるように書き込み、誠実な対応で炎上を免れました。

この対応は大いに参考になるでしょう。

逆に炎上した例では、「中国赤十字」があります（いわゆる「郭美美事件」）。中国赤十

字の幹部だという20代の女性が自分の微博上である投稿をしました。

しかしその内容は、高級スポーツカーに乗り、豪邸に住んで、ブランドのバッグを持っているセレブの生活ぶりだったのです。

この投稿により、中国赤十字に送られる義援金が不正使用されているのではないかという疑いがかかり、ユーザーがこぞって指摘するようになりました。

それでも、中国赤十字は十分な説明もせず、会見を開いても一部の記者しか入れなかったために、真相はいまも曖昧なままになっています。

その結果、ある中国メディアの統計では、約8割の中国人が中国赤十字には寄付をしないという統計が出ています。実際に輸血をする人の数が減少した地域も出て、血液が不足したケースもあったといいます。

この女性は悪気がなかったのかもしれませんが、自分の発言が及ぼすかもしれない影響には気を使いたいものです。

東南アジアでも、炎上が頻発しています。

その一例をご紹介しましょう。

格安航空会社のエアアジアは、2012年、ベトナム線就航記念の公式セレモニーで、ASEAN諸国の民族衣装を着たモデル写真を同社の公式フェイスブックに掲載しました。ところが、その中にベトナムのアオザイ姿ではなく、チャイナドレスの格好をしたモデルが混ざっていました。これが問題視されたのです。

今でも中国とベトナムは、南シナ海の南沙諸島の領有権をめぐって対立中です。これがベトナム人のプライドを傷つけたとされ、あっという間にエアアジア・ボイコット宣言などの批判的なコメントが殺到しました。

しかし、同社はこれに対して、はっきりとした説明や謝罪を行わなかったため、長期にわたってこの写真は削除されずに残ることになりました。一刻も早く対策を打っていれば、ここまでの騒ぎにはならなかったかもしれません。

【炎上を未然に防ぐために①】
お客さまとのギャップを埋める

ここまで、海外の事例をご紹介してきました。せめて自分たちの不注意で炎上を起こすような事態は避けたいものです。

それでは、恐ろしい炎上を未然に防ぐために、私たちにできることはあるでしょうか。

まず考えられるのが、ネットに書き込まれたお客さまの感想に目を光らせ、期待と現実とのギャップを把握し、それを埋める努力をすることです。

たとえば、

「あの有名な○○会社の営業マンがこんな対応をするなんて許せない」

このような話題はネタにされやすく、すぐに拡散します。そのため、些細なことでも炎上する危険性をはらんでいます。

とくに、店員の態度が悪いとかサービスが悪いという話題、期待と実際が違っていた場合も炎上しやすいものです。

たとえば、つぎのようなパターンです。

「この間、〇〇へ食事に行ったんだけど、メチャクチャまずかった。あの味で〇〇〇円はひどすぎる！」

「高いお金を出して買ったのに、すぐに壊れた。お金を返してほしい！」

「広告の内容と明らかに違う。絶対に許さない！」

同じ経験をした人が、その話題につぎつぎに反応し、そのお店やチェーン店にいい印象を持っていない人がさらにそれを広げます。そして、あっという間に炎上してしまいます。

もし、このような書き込みがネットで見られたら、担当者はそのギャップをいち早く解消する手を打たなければなりません。それが少しでも遅いと、いくら手を打っても炎上が大きくなりすぎて消火できなくなります。

そのため、日頃から消費者の声に耳を真摯に傾け、どのような点にギャップを感じているか、チェックしておくことをおすすめします。

ひとつは、商品を買っていただいたお客さまにアンケートを取らせてもらい、結果を丹念に分析することにします。

たとえば、

- **性能は満足されましたか？**
- **デザインは満足されましたか？**
- **値段は満足されましたか？**
- **アフターサービスは満足されましたか？**
- **対応した社員の接客態度は満足されましたか？**

などがあります。会社のブランドイメージとお客さまが持っている感想の食い違いに目を光らせておきましょう。

【炎上を未然に防ぐために②】

炎上しやすい話題・言い方を避ける

つぎに、炎上しやすい話題、言い方そのものを避けるのも現実的な方法です。

職種、業態にかかわらず、多くの人が反応しやすい話題、言い方というのは存在します。

それを知っておくだけでも、会社やお店のサイトや公式ブログに書き込むときの参考になります。

言うまでもないことですが、炎上必至なのは、

・主義・主張（イデオロギー）にかかわること（特に政治）
・人をバカにした発言、言葉遣い
・汚ない言葉遣い、過激・乱暴な言葉

が挙げられます。

そのほか、気をつけるべきこととして、以下のものがあります。

1　自慢話・手柄話

客観的に聞けば素晴らしい内容でも、単なる自慢話だと受け取ると鼻についてしまいます。

同じ成功をしても、それを謙虚に話してくれれば讃えたい気持ちになりますが、逆の場合はそれにケチをつけたくなるのが人間です。

どうしてもそれを発言したいときには、さり気なく、控えめに言えば、炎上はしないかもしれませんが、避けるに越したことはありません。

また、なかには自分がした犯罪を自慢する人たちもいます。当然、これもすぐに炎上します。

ツイッターでよく見られるのが、お店で万引きをした商品を自慢げに写真に撮って投稿する、アルバイト先でいたずらをしてそれをやはり投稿するなどといったものです。

最近、アルバイト店員がコンビニで食べ物の中に寝転んでいる写真を投稿したために炎上した事例がありました。これなどもその典型です。

2 想像力、配慮が欠如した発言

人はそれぞれ育った環境や現在、所属している環境によって価値観が違っているものです。同じ言葉を使っても受け止め方が大きく変わります。

ある人はこのくらいはかまわないと思っている表現でも、それは耐えられないと感じる人もいます。

そのことに想像力をはたらかせなかった結果、炎上が起こるケースもよくあります。

よくあるのが、テレビやラジオでときどき起こる芸能人の失言です。

場を盛り上げるためということはわかりますが、生放送ではない番組で失言・暴言が流れたとするとなお問題です。

番組を制作していたスタッフの間では、このくらいの表現は冗談やジョークで済まされるのではないかという気持ちがあったということになるからです（あるいは、まったく問題意識がなかったか）。

もし、これが流れると批判を受けると認識していれば、その部分はカットするはずですから。

実際に失言がそのまま放送されると、問題視した人たちが掲示板や動画サイトに投稿し、炎上が止まらなくなると知っていれば防げることもあるでしょう。

ネットでの事例を見てみましょう。かなり話題になったので覚えている方もいらっしゃるかもしれません。マーケティングコンサルタントのA氏と作家のB氏との間で交わされた「死んでよし」論争です。

2011年、A氏がツイッターで、「なぜそれなの？」と人に聞かれて、「なんとなく」としか答えられないような人は、「一回死んでよし」という趣旨の発言をしました。

これを同じ業界の人がリツイートしたのをB氏が目にして、そういう言葉を平気で使う方が論外だと反論したために大論争になったのです。

これはどちらが正しいとか、間違っているとかではなく、同じ言葉でも人によってその解釈が違っているということを示しています。

A氏がいる業界では、それこそ「死んでも食らいつけ」などという表現は当たり前ですし、逆に小学校の教壇にも立ち、命の大切さを身をもって知るB氏ならば、軽々しく「死ね！」などというのは論外ということになります。

ソーシャルメディアでは、このような表現をめぐってしばしば論争が起こり、炎上することがあるということはぜひ知っておいてください。

あまり気にしすぎると何も言えなくなってしまいますが、ネット上にはさまざまな価値観を持った人たちがいることを常日頃から認識し、可能なかぎりの想像力をはたらかせるようにすることです。

【炎上を未然に防ぐために③】

社員向けのガイドラインをつくる

最近のソーシャルメディアで起こる炎上などのトラブルは、その多くが企業発ではなく、個人から出発していることが多くなっています。

実名の場合も匿名の場合もありますが、匿名の場合でも、投稿者の過去の履歴や書かれた内容で、それがどこの誰によるものなのか、だいたいわかってしまいます。

それが社員個人のつぶやきであっても、炎上して注目を浴びれば影響はすぐに所属する会社にまで及びます。そしてそれは、ときに会社の公式サイトの炎上へと発展します。

ソーシャルメディアは、使い方次第で非常に便利なツールであり、企業のイメージを高めるためにも欠かせないものです。

しかし、そこにはやはり一定のガイドラインが必要です。それがない場合、行き過ぎた内容が野放しにされる危険性があります。そこはきちんと歯止めをかけなければいけません。

そこで、ここでは、社員向けのソーシャルメディアのガイドラインについてお話しします。

まだまだ日本ではそこまで進んでいない企業が多いようですが、ここでは日本ＩＢＭ社の公式「ソーシャル・コンピューティングのガイドライン」（ＳＣＧ）を参考例としてご紹介します。

かなり詳細に書かれていますので、一部を抜粋して引用させていただきます。

＊身分を明かして活動しましょう

透明性と誠実性が重要であるとの考えから、匿名での活動は禁止。

＊一人称で語りましょう

自分自身の意見で、個性を前面に打ち出すことが奨励されている。

＊免責文を使いましょう

「このサイトの掲載内容は私自身の見解であり、必ずしもＩＢＭの立場、戦略、意見を代表するものではありません」という文章を目立つ位置に必ず入れる。

＊著作権および公正使用に関する法律を遵守すること

他人の著作物は、短い抜粋以上のものを引用してはならない。

＊機密情報および専有情報の保護

個人ブログには、会社の機密情報または専有情報、あるいは個人または企業が持ついかなる同様の情報も載せてはならない。

＊IBMのお客さま、ビジネス・パートナー、サプライヤーの皆さまを守る

公衆に向けて、許可なくお客さまやパートナー、サプライヤーを名指しで公表したり、お客さまとのビジネス案件に関する機密事項の詳細を述べたりしてはならない。

＊読者や同僚に敬意を払いましょう

ＩＢＭはグローバルな組織であり、そこで働く社員やお客さまには多種多様な習慣、価値観、視点が反映されていることを、つねに意識する。

＊喧嘩を仕掛けてはなりません

つねに相手に敬意を払い、事実に基づいて、自分のＩＢＭでの立場を明示したうえで誤りを指摘する。

＊自分自身の誤りには、いち早く対応してください

何かを間違えたときには、自分の誤りを率直に認め、早急に訂正する。

＊温かく、公平で、親しみやすさを心がけてください

個人のブランドと同じように、会社のブランドも社員のトーンや公平さ、親しみやすさなどに基づいてつくりあげられるということを意識する。

＊最善の判断力を働かせましょう

自分が書いたものについては、必ず結果がつきまとうということを忘れないようにする。

これでも一部の抜粋です。非常に細かく、親切丁寧に、社員が守るべき事柄が書かれています。ぜひ一度、全文を読んでみることをおすすめします（http://www-06.ibm.com/ibm/jp/about/partner/scg.html）。

これを遵守すれば、トラブルになったり、ネットで炎上することは避けられるでしょう。

また、会社のスタンスとして、つぎのような項目も書かれていました。

＊ＩＢＭは自由な対話と意見の交換を支持します

ルールを守って、ソーシャルメディアの利点を活用したいものです。

後悔してもあとの祭り……にならないために

ここまで、自分たちの手で炎上を起こさないようにするための取り組みについてお話ししてきました。

最後に、興味深いデータをみなさんにご紹介します。

スマートフォンでは、つい深く考えずに、安易に投稿しがちです。

人は感情が高ぶったときに、それを誰かに伝えたい欲求に駆られます。とくに怒りの感情のときに多いですが、うれしさや悲しみを感じたときにも、衝動的にフェイスブックやツイッターに投稿したくなります。

しかし、後日、それをあらためて読んでみると、なぜこんなことを書いたのだろうと後悔するケースも少なくありません。みなさんにもそんな経験はないでしょうか？


そこで、アメリカの家電製品比較サイト「retrevo」が、「どのくらいの人が、自分自身に関することをネットに投稿して、後悔したことがあるか」を調べました（http://www.garbagenews.net/archives/1778814.htmlを参考）。

２０１０年5月と２０１１年6月にretrevo.comを利用しているユーザーに対して行われ、有効回答数は１０００人以上、性別や年齢、年収、住んでいる場所など、アメリカ全体の比率と同じになるように調査されました。

「はい」と答えた人の割合は、つぎのようになりました。

■２０１０年
・25歳未満↓54％
・25歳以上↓27％
■２０１１年
・25歳未満↓54％
・25歳以上↓32％

だいたい、若年層が中堅層の2倍という結果が出ました。２０１１年は、中堅層のパーセンテージが増えていて、中堅層もその傾向が増加していることがわかります。

アメリカでも、後先を考えず、そのときの感情をそのまま投稿して失敗したことがある人がこれだけいるということです。

その結果、どのような結末になったのも、同時に調査しています。「後悔するような投稿をしたことがある」と答えた35％の人のうち、

■結婚や知人関係が壊れた↓3％
■仕事や家庭環境に問題が起こった↓6％
■後悔はしたが、投稿を削除できた↓15％
■何も問題はなかった↓11％

何かしらの問題が起きた人は9％、投稿経験者に限れば26％の人が問題を起こしているということです。

このような投稿をしないようにするには、やはり送信する前のチェックが欠かせません。

たとえば、

①この投稿がリツイートされて多数の人の目に触れても、感情を害することがない内容か
②会社や仕事上の関係者が見ても問題のない内容か
③家族や親族、恋人や配偶者が見ても恥ずかしくないか
④特定の人について書いていないか、あるいはその人が見ても怒りを覚えないか

また、人によっても違いがありますが、お酒を飲んでいるときや夜遅く一人でいるときなどはどうしても書き込みたくなる欲求が強くなります。

ご自分にそういう傾向があるようでしたら、そのようなときは書き込みをしないという項目も、チェックリストに加えておくといいでしょう。

第3章

ネット風評を発見したら？

一つを見逃せば、それが何百倍にもなって返ってくる

第2章では、いわれなき誹謗中傷、デマの原因にもなりかねないネット炎上を未然に防ぐ方法についてお話ししてきました。

ここからは、いったん広がりはじめたネット風評を発見した場合、それを食い止める方法について見ていきます。

風評被害は、ちょっとした誹謗中傷を放置することで、瞬く間に拡大していきます。一人がネガティブな書き込みをすると、つぎつぎに同じような書き込みをする人が現れます。私はそれを「タバコの吸い殻理論」と呼んでいます。

それは、みなさんの日常でもよく見られる現象です。道端に1本のタバコの吸い殻が捨てられていると、そこにはつぎつぎに吸い殻が捨てられます。

いつの間にか、気がつくとそこは道徳心のない人たちがタバコの吸い殻を捨てる場所になっていきます。

それは一度、モラルが破られると、そこからは歯止めが効かなくなることを意味します。ネット上の記事も同じです。一つの記事から派生して、最初の内容とは違う書き込みがつぎつぎに書き込まれるのです。

実際の例を見てみましょう。

ある有名なアイスクリームメーカーのアイスクリームに、角砂糖が20個も入っているというコメントがネット上に流れました。それがどんどん拡大、歪曲されて伝わり、そのメーカーは一時期、売り上げが低迷してしまいました。

たしかに、そのアイスクリームには約20個分の角砂糖が入っていたので、それは嘘ではありませんでした。しかし、それが勝手な思い込みや解釈で、事実と違う内容に変わっていったのです。

その書き込みはつぎのような内容でした。

「あのアイスクリームは食べると太る」
「あのアイスクリームは身体に悪い」

「あのアイスクリームは食べないほうがいい」

このように書かれれば、読んだ人は悪い印象しか持ちません。今まで食べていた人もやめたほうがいいと思ってしまいます。

ネットではその内容が事実であってもなくても、面白おかしくそれを誇張し、尾ひれがたくさんついて拡散していきます。

さらに悪いことには、一つの商品だけでなく、その商品を開発販売している企業自体に悪いイメージを持ってしまい、そこから発売されているすべての商品を買わなくなる可能性も出てきます。

こうなると、何らかの対策をしないとその会社の商品の不買運動にまで発展するかもしれません。ですから、そのような書き込みを見つけたら、すぐに対策を講じなくてはいけないのです。

つまり、放置しておけば、事態は瞬く間に悪化し、最終的には倒産などの危機に見舞われる結果を招きます。

私たちは情報が入ってくるとき、出所が一つだけではなかなか信じないといわれています。しかし、そこに複数の情報源から同じようなものが入ってくると、それがたとえ嘘であっても信じてしまう傾向があります。いわゆる「負のバイラル効果」です。

何度も何度も悪い口コミや批判めいたレビューのついた商品を目にすると、自然にそれが悪い商品であるイメージが、サイトを見る人の頭の中に刷り込まれていきます。

そして、ついには「あの商品は良くないみたい」という印象を持ち、実際に商品を買わなくなってしまうのです。

それを防ぐには、ネットに事実無根の書き込みがあったとき、ただちにあなたは「捨てられた吸い殻を拾わなくてはならない」のです。

たった1本の吸い殻を放置すると、つぎの日には10本になり、やがてそこにはゴミが捨てられるようになります。そして、粗大ゴミが捨てられだしたら、もう手がつけられません。

対策はただ一つです。

図2　とにかく早期に消火することが鉄則！

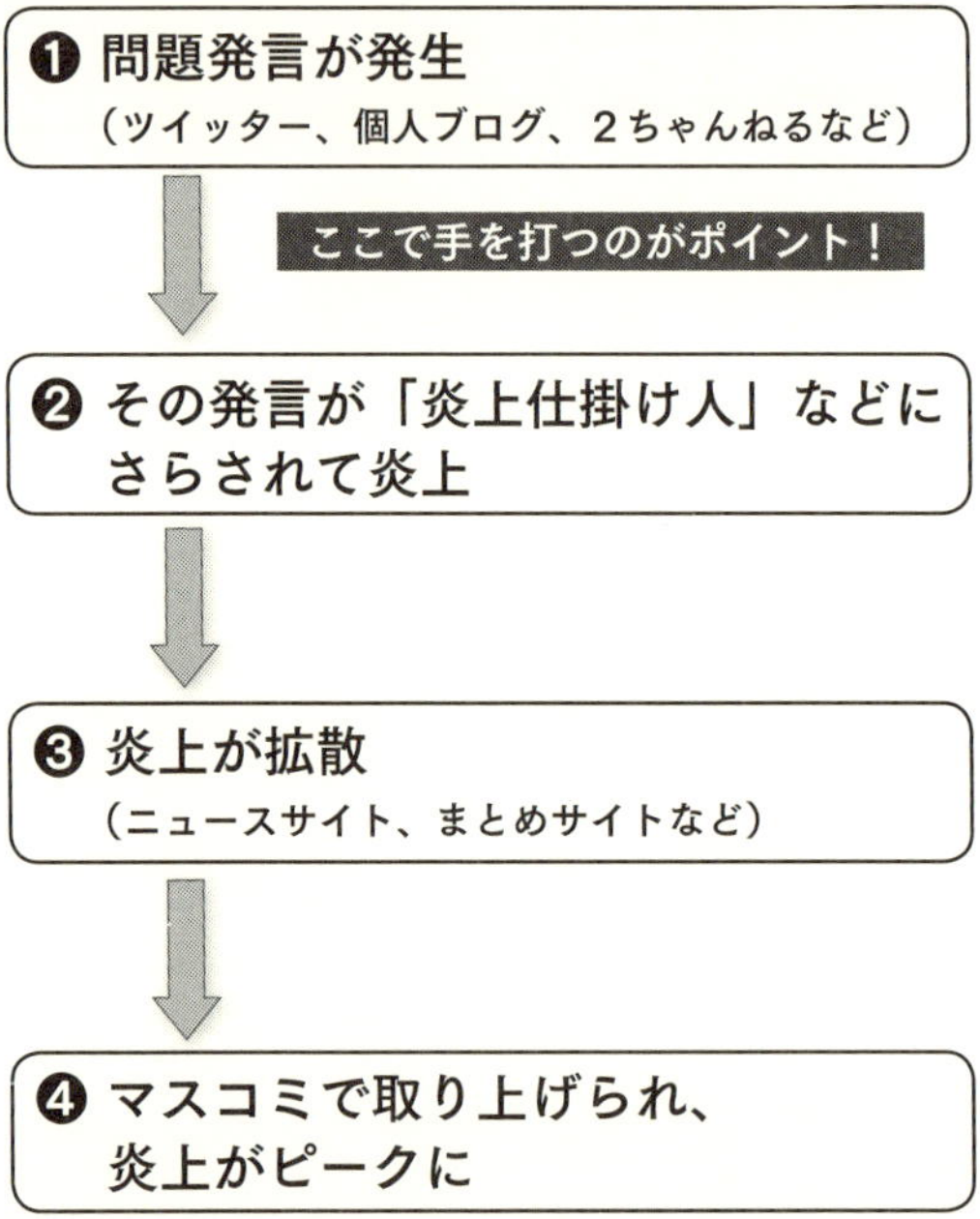
❶ 問題発言が発生
（ツイッター、個人ブログ、2ちゃんねるなど）
ここで手を打つのがポイント！
❷ その発言が「炎上仕掛け人」などにさらされて炎上
❸ 炎上が拡散
（ニュースサイト、まとめサイトなど）
❹ マスコミで取り上げられ、炎上がピークに

とにかく、**緊急に、迅速に対処すること。**

これが、いったん広がりはじめたネット風評被害対策の最重要ポイントです。
では、具体的にどのように対策を講じればいいのかについてお話ししていきましょう。

対策の基本　最初の６ステップ

まず、基本的な初期対策のパターンから見ていきましょう。ケースによって方法は違ってきますが、考え方の基本は同じです。
これからお話しするのは、私たちのところへ相談に見えたある会社の方にアドバイスした事例です。それを最初に紹介します。

【ステップ1】現状を把握する

どこに、どのような風評が流れているのか？
どんな中傷記事が掲載されているのか？
どのように被害が拡散しているのか？

これをまずきちんと把握します。私たちは、風評被害の状況をくわしく調べ、その会社の社長さんにお伝えしました。

【ステップ2】緊急対策を取る

真っ先にすることは**「社員への説明」**です。このようなときほど、社長のリーダーシップが試されます。全社員に緊急招集をかけ、短い時間でかまいませんから、説明会を開きます。

社内の混乱を防ぐ意味もありますが、これをすることで一人ひとりの社員が冷静に取引先に説明できるようになります。

それとは別に、広報担当者は平時からそのような緊急事態に備えてマニュアルをつくっておくことをおすすめします。

たとえば、商品についてのクレームが原因で炎上が起きた場合に備えて、問い合わせを想定した資料を揃えておく。あるいは、会社としてどのような手順で動けばいいかを示したフローチャートを作成してマニュアル化しておきます。

【ステップ３】真実の情報発信

次に、流れている情報が真実ではないことを訴えることが必要です。これも緊急にやらなければいけません。

方法としては、会社のサイトのトップページのよく目立つところに、次のような趣旨の文言を掲載します。

「現在、当社は風評被害を受けて迷惑しています。事実と異なることをネット上に書かれています」

それを補完する説明も書いておけばなおいいでしょう。この事例のときは、不渡りを出していることは事実無根であること、そもそも不渡り自体が出せないことを書いてもらいました。

【ステップ4】取引先へ第一報を入れる

次に、この会社の取引先のリストを出してもらいました。そして、すべての取引先へネット上に事実ではない書き込みをされていることを一斉メールで知らせるようにお願いしました。

文面には、つぎのような趣旨のことが入っていればいいでしょう。

「ネット上で事実ではない噂が流れていますが、業務上は何の心配もいりません。今まで

どおりのおつき合いをお願いします」

これも重要な緊急対策の一つです（第1章の事例5でも、これをやっておけば、取引条件の悪化は防げたかもしれません）。

【ステップ5】主要な取引先へはその場で電話する

この会社の場合、すでに何本もの電話での問い合わせがすでに来ていました。ということは、各取引先へは口コミなどの形で伝わっていることが予想されました。

そこで、取引先のうち取引金額が大きい会社から順番に電話をし、事情を説明していってもらいました。

このときに重要なことがあります。それは、会社を守るために「恥」や「てらい」は捨てることです。実際、意外にもこれが障壁となって、手遅れになるケースがよくあるのです。

【ステップ6】ネット上に正確な情報を流していく

自社サイトはもちろんのこと、インターネット上の複数のサテライトサイト（より広いアクセスを獲得することを目的にした本サイトとは別に立ち上げられたサイト）に正しい情報を引き続き書き込んでいきます。

正しい情報とはつぎのようなものです。

・企業紹介
・採用情報
・サービスの案内
・商品情報
・イベント情報

これらのものを正しく流すことで、「当社はきちんと仕事をしています」というイメージが広がり、事実とは異なる悪意のある情報が自然とネット上から徐々に見えなくなっていきます。157ページでご紹介する「SEO対策」の一環です。

以上が、一般的な対策の流れです。

この会社の社長さんからは、後日、お礼の電話をいただきました。

「薮﨑さんのおかげで当社は救われました。あのとき、放っておいたら、会社はとっくの昔になくなっていました」

このときは、社長の対応が早かったので、取引先からも信頼され、社員の絆もより深まって、以前よりもビジネスがうまく進むようになったと話してくださいました。

社員も役員も、かつてなかった会社を襲ったピンチに対して、陣頭指揮に当たった社長を頼もしく思ったようです。

ネット風評被害は不慮の事故や自然災害のように、突然やってきます。しかし、その波が収まるのをただ待っているのは最悪の対策です。あわてず、騒がず、いかに迅速に対応するかが鍵となります。

ここで紹介したお客さまのように、正しい対応をすれば、ピンチをチャンスにすることもできるのです。

こんな検索結果が出てきたら要注意!

ここまで、風評被害が起こった際の初動対策についてお話ししてきました。何度も繰り返しますが、いかに被害が小さい段階で手を打つかがポイントです。

そのためには、風評の種となりそうな書き込みにいかに早く気づくかが勝負となりますが、実際にどのような兆候が出てきたら危ないのでしょうか。

わかりやすい見極め方の一つに、検索結果があります。これは、ネットで自社の名前や個人の名前を検索したときに出てくる言葉です。

検索結果につぎのような言葉が出てきたら、すぐに風評被害の対策を講じる必要があります。

・被害（被害者、被害者の会）
・ブラック（ブラック企業）
・詐欺
・悪徳（悪徳商法）
・悪質
・マルチ（マルチ商法）
・ヤクザ
・暴力団
・ねずみ講
・倒産（倒産寸前）

もしあなたが社名や個人名をネットで検索したとき、このようなキーワードが出てきたらどう思うでしょうか。このような会社と取引をしたり、個人的につき合ったりしようと思いますか？

モノを購入しようとするときに、前もってネットでその商品について調べる人は多いですし、そこにネガティブな情報があれば、その商品は避けようとする心理が働きます。結局、何年もかけて培ってきたブランドイメージが壊れ、信頼を失い、お客さまが離れていくのです。

常日頃から、危険なキーワードが出てこないか、チェックすることが必要です。ただ、これをずっと監視するのは、物理的にも精神衛生上もたいへんなことです（理由は第5章でお話しします）。中小企業、個人商店などで専門の部署がない場合は、専門の会社に外注するのも一法です。

問題の書き込みを削除してもらうには？

自社サイトや公式ブログに問題発言があることがわかった場合は、それを簡単に削除することができますが、自社運営ではないサイトの場合、削除してもらうことはできるのでしょうか。

その際、掲示板などのサイトに書き込みの削除を依頼することができます。被害を受けていることが認められれば削除されます。

・まずは、証拠の保全から

削除依頼の前に、必ずやっておかなければならないことがあります。それは、「証拠の保全」です。

ネット上の誹謗中傷記事を見つけたら、それをすぐに保存しておくことが必要です。自分でそのページをプリントアウトしておくか、その画面のキャプチャーを保存しておけばいいでしょう。

同時に、日時も記録しておきます。

・削除依頼の方法は？

いちばん簡単な削除依頼の方法は、そのサイトに記載されている「お問い合わせ先」につぎのような内容を送ることです。

・自分の姓名
・サイトの名前
・ウェブページのＵＲＬ
・投稿者の姓名（ニックネーム、ハンドルネーム、ＩＤなど）
・投稿された日時
・被害の状況
・問題発言の内容
・侵害された権利など
・自分の連絡先など

その際、「具体的に、わかりやすく」を心がけてください。具体性がはっきりしているほど、早く削除してくれる可能性が高くなります。

ネット上で公開されている書式もありますので、それを使用されてもいいでしょう。

・「名誉毀損・プライバシー関係書式」
・「著作権関係書式」

この2つがおすすめです。「プロバイダ責任制限法　関連情報Webサイト」(http://www.isplaw.jp) からダウンロードできます。

・訴えが受理されたら？

訴えが受理されると、サイトの運営者は削除するか、しないか、その見極めを行います。

＊権利の侵害があると認められれば、すぐに削除される
＊逆にそうでないと判断されれば、削除の依頼は拒否される
＊権利の侵害とはっきり言えない場合は、投稿者にその旨を伝え、警告を通知する
　↓　投稿者から削除の許可があれば削除される

＊一定期間の経過後、警告への返事がない場合、サイト運営者が判断して削除することもある

もっとも削除されやすいケースは、著作権や肖像権の侵害がはっきりしているときです。たとえば、著名人や芸能人などの写真が掲載されているときは、肖像権の侵害が明らかですから、指摘されればすぐに削除されます。

なお、郵送で削除を依頼する際、通常の郵便ではなく、内容証明郵便で送るようにしましょう（簡易書留でもかまいません）。

これは、訴訟になったときに、サイトの管理者やプロバイダーがそのような文書は受け取っていないと主張しないようにするためです。

内容証明郵便なら、文書を送ったことを証明できます。また、内容証明郵便を送ることで、こちらが裁判を起こすのも辞さない決意であることを示すことができます。それがプレッシャーになって、相手が削除請求を受け入れることもあります。

削除を拒否された場合は？

サイトの運営者に削除を依頼した場合、削除してくれることもありますが、逆に拒否することもあります。そのようなときには、つぎのような手段を取ることもできます。

掲示板やブログなどの管理人・運営会社やプロバイダーに、「発信者情報開示請求」をします。

これは、なんらかの権利の侵害を受けた場合で削除ができないときに、投稿者を特定するために行う方法で、「プロバイダー責任制限法」で認められています（この法律ができる前は、プロバイダーには「通信の秘密」を守る義務があるということから、発信者情報の開示ができませんでした）。

これについては、サイトの運営者・運営会社に対して「発信者情報開示請求書」を提出する必要があります（先ほどご紹介した「プロバイダ責任制限法　関連情報Ｗｅｂサイト」

に書式があります)。

不安な場合は、当社のような専門の業者に相談されることをおすすめします。投稿者が特定できれば、損害賠償請求などの法的手段も可能になります(その方法は、第4章でお話しします)。

また、ブログや掲示板のなかには、直接、投稿者にメールを送れる機能がついているものもありますが、これについては慎重にする必要があります。逆に相手を刺激することにもなりかねませんので、緊急性のある場合だけに限定したほうがいいでしょう。

発信者情報開示が拒否されたら?

では、サイトの運営者に発信者情報開示請求をしたのに拒否の通知が来たときはどうすればいいでしょうか。その場合は、裁判所に対して「削除の仮処分申請」を行うことをおすすめします。

この処置は最終決定ではありませんが、裁判を起こすと時間がかかりますから、その間、掲載禁止の処置を取っておくほうが賢明です。それをしないと、ずっと記事が掲載されたままになってしまい、余計な風評被害のもとになります。

この仮処分は意外に認められています。企業でも個人でも削除された事例は多いようです。

被害の拡大を招く、絶対にやってはいけないこと

ここまで、風評を招きそうな書き込みを見つけた場合に取るべき手段についてお話ししてきました。

最後に、逆に炎上を大きくしたり、せっかく収まってきた状況を再び炎上させてしまう対応をご紹介します。

くれぐれも、つぎのようなことには注意しましょう。

1　放置は絶対にNG！

ときには、炎上を放置しておいても自然消滅することもありますが、逆に放っておいたために取り返しのつかない状況になってしまうことのほうが圧倒的に多いです。

それに、不都合な書き込みがいつの間にか削除されていることはまずありません。必ず、それは残ります。

つまり、いったん小さい炎になっても、再度、炎上する可能性が消えないことになります。様子見や放置は絶対にせず、毅然とした対処をとるべきです。

致命傷になる前の適切な対処が求められます。それを過ぎると、被害はますます大きくなると心得てください。

2　お詫びをするときには反論しない

風評被害をこうむっている場合でも、関係者や取引先にお詫びをしたい、ということも出てくるかと思います。

あくまでも謝罪するときは、それに徹しなければ効果が薄くなります。

よく、芸能人の「謝罪会見」の場で、言い訳ばかりに終始していることがありますが、それを見るのはあまり気持ちのいいものではありません。

お詫びをするときはお詫びだけにする、そして、少し時間をおいて機会を見つけてそのときの状況を説明する。それがベストです。


記者会見の場を設定するのもいい方法です。どうしてそのようなことになったのか、こちら側の経緯を説明します。そして、今後の対策などを表明すればお客さまの信頼を取り戻すのに効果的です。

あるいは、自社サイト上に特設ページを設けて、そこでくわしく説明してもいいでしょう。


お詫びすべきときに反論を入れると、さらなる炎上の原因になります。くれぐれもそこは注意してください。

そのほか、炎上を加速させてしまう企業の姿勢には以下のようなものがあります（岡嶋裕史『ネット炎上　職場の防火対策』より引用)。

・「弊社に問題はなく、仕入れ先に問題があった」(自己保身・責任転嫁)
・「法令には違反していない」「仕様なので問題ない」(正当化)
・商品ページの削除、レビュー欄のコメント削除(隠蔽)

第4章
法的手段をとるにはどうする？

サイバー犯罪の現状は？

これだけネット上で風評被害が多発している状況ですから、当然、警察や公的機関できちんと対処してくれるはず――そう思いたいところですが、残念ながら、ネット犯罪に警察や裁判所の対応が追いついていないのが現状です。

この章では、ネット風評被害を受けて、警察や裁判所に訴えたい場合の方法とその限界についてお話ししていきます。

・平成25年中のサイバー犯罪検挙状況

まず、実際にサイバー犯罪の検挙数はどのくらいなのか、数字で見てみたいと思います。

平成26年に警察庁が発表した「平成25年中のサイバー犯罪の検挙状況等について」によると、検挙件数は全部で8113件。

前年比でプラス７７9件、10・６％増。過去最高を記録しています。
内訳は、つぎのようになっています。

①ネットワーク利用犯罪は６６５５件。プラス42件、0・6％増。過去最高。
②不正アクセス禁止法違反は９８０件。プラス４３７件、80・５％増。過去最高。
③コンピュータ・電磁的記録対象犯罪（コンピュータの情報を不正に書き換えるなど）および不正指令電磁的記録に関する罪（コンピュータウィルスの作成・提供・供用・取得・保管行為）は４７８件。プラス３００件、１６８・5％増。うち、不正指令電磁的記録に関する罪は27件。

・サイバー犯罪に関する相談状況

一方、平成25年中に都道府県警察の相談窓口で受理したサイバー犯罪等に関する相談件数は、全部で８万４８６３件。前年比プラス７０４８件、９・１％増となっています。

①詐欺・悪質商法に関する相談は3万6237件。プラス7124件、24・5%増。
②迷惑メールに関する相談は1万682件。マイナス2264件、17・5減。
③名誉毀損・誹謗中傷等に関する相談は9425件。マイナス1382件、12・8減。

③がネット風評被害に該当します。具体的には、

○ブログなどで実名を出され、誹謗中傷する内容が書き込まれていた。
○勝手に顔写真などを掲載され、事実無根の書き込みをされていた。

という相談が寄せられていたようです。

そのほか、不正アクセスなど、コンピュータウィルスに関する相談、インターネット・オークションに関する相談、違法・有害情報に関する相談があります。

ここから、興味深いことが読み取れます。相談件数がグロスで増えているなかで、迷惑

図3　都道府県警察におけるサイバー犯罪関連相談件数の推移

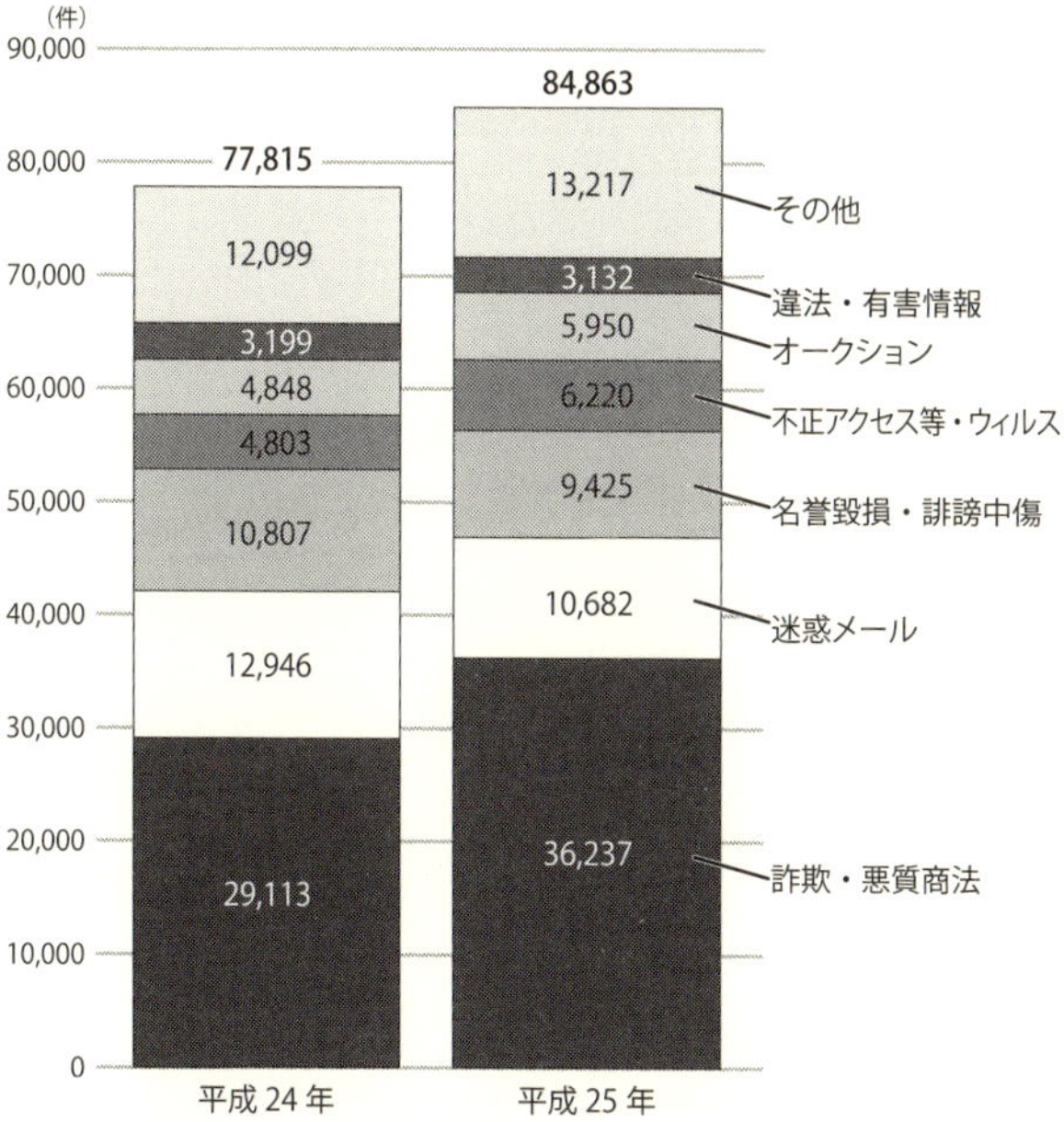

出典：https://www.npa.go.jp/cyber/statics/h25/pdf01-2.pdf

メールや名誉毀損・誹謗中傷等に関する相談、違法・有害情報に関する相談はマイナスになっていることです。

これは決して、そのような事例が減っているわけではないと思います。あくまでも私の推測ですが、ストーカー事件などでも問題になっているように、相談しても実際に警察を動かすのが難しいと判断されているからではないでしょうか。


実際に警察を動かした経験を持つ人に聞いてみると、警察は頼りにはなるが、なかなか動いてくれないと言っています。

たとえば、名誉毀損罪や脅迫罪は、被害を受けた本人が告発しなければ捜査が始まりません。そのため、誹謗中傷や脅迫などをした人を捜査してもらうために、被害届以外にも告訴状が必要になります。

ただ、告訴状を提出しても警察が捜査してくれるかどうかは、別問題です。現実には、そのほとんどが起訴されていません。「民事不介入」を理由に動いてくれないことも少なくないのです。

警察が動くのは、それが重大な犯罪につながる場合、いわゆる刑事事件になるときだけといってもいいでしょう。

このように、警察に動いてもらうことはかなりハードルが高いのです。相談件数が減っているのも、それが一般の人にもわかってきたからではないでしょうか。

実際に警察に依頼するには？

それでも、明白に名誉を毀損されたり、業務を妨害されたとして、告訴をしたいという場合もあるでしょう。

そのとき、どのような流れになるか、そのポイントをお話ししておきます。警察は動いてくれさえすれば、やはり力は大きいのです。

まず、管轄の警察に相談に行きます。都道府県警本部の「サイバー犯罪対策室」が窓口になりますが、市町村の警察署でもかまいません。その際、刑事課にインターネットの事件を扱った人がいるかどうか聞いてみると安心です。

いちばんいい方法は、ネット犯罪を専門にしている弁護士事務所に相談することでしょう。ネットにくわしい警察官は数が少ないですから、そのような情報を持っている可能性は高いです。

いったん動きはじめれば、あとはスムーズに流れていきます。

警察が悪質な誹謗中傷だと判断すれば、最初に掲示板などの管理会社にログの保存を依頼します。裁判所に捜索差押許可状を取り、管理者に通信ログの差し押さえ請求をします。そこに通信記録が残っていれば提出をさせます。そこからIPアドレスを調べ、プロバイダーを見つけます。

再度、裁判所で捜索差押許可状を取り、プロバイダーに差し押さえ請求をします。ここから契約者を探し出し、家宅捜索などをして、書き込んだ人を特定し、実際に掲示板などに書き込む際に使ったパソコンや携帯電話なども特定して、それを差し押さえます。

相手は当然、差し押さえられる前に書き込んだ文章は消去しているでしょうから、それを復元するためにパソコンや携帯電話などが必要になるのです。

もし、証拠隠滅や逃亡のおそれがあると判断されれば、逮捕されます。

以上が、警察が実際に動いた場合の流れです。

ただし、繰り返しますが、警察に告訴状を出しても必ず動いてくれるとは限らないということは知っておいてください。

損害賠償を請求しても、損失を補てんする額はもらえない

今度は、風評被害で大きな経済的損害をこうむったとして裁判を起こし、相手に損害賠償を請求する場合です。

会社によっては、風評による被害総額は、それこそ億単位になるかもしれません。できればそれに近い額を請求したいところですが、ここにまた大きな壁が存在します。

それには、裁判所に風評被害があったということを認めてもらわなければならないのです。それがまた至難の業です。そして、会社がこうむった損失はネット上の書き込みのためだということを立証しなければなりません。

これが実にやっかいですし、損害額を特定するのも簡単ではありません。そのため、専門の弁護士に依頼して裁判に臨むことになりますが、会社側が要求する金額がもらえることはまず無理といえるでしょう。

これは、名誉毀損による損害賠償を求める場合も同じです。日本ではアメリカのように懲罰的慰謝料は認められていませんから、要求する金額よりはかなり少なくなることがほとんどです。

ネット風評被害に関する訴訟としては、ネット広告会社が、ネット上に誹謗中傷記事を書いていた元社員に損害賠償訴訟を起こした例があります。

この裁判では、被告には同社が請求する金額を支払う能力はないということで、和解という形で終わっています。

被害を立証するのは難しい

先ほどお話ししたように、裁判所に「○○のために、これだけの被害があった」ということを認めてもらうのはとても難しいことです。

ネットからは少し離れますが、以下のような事例でもそれがよくわかると思います。

・事例1　千葉県のA市に住んでいるが、原発事故で土地の査定額が大幅に下落している。東京電力に損害賠償を請求できるか

土地の売却を考えている方ですが、土地の査定額が購入時の7割にまで下落しているそうです。これだと、土地が売れたとしても大幅に損失が生じてしまいます。

原因は、A市が原発事故により、ホットスポット（汚染源から同程度の距離であるのにもかかわらず、他地域よりも放射線濃度が高い地域）になってしまったことによります。

しかし、これが裁判になった場合、東京電力側は地価の下落は地震によるもの、あるいは液状化などの他のことが原因だったと主張してくるでしょう。

なので、それを覆すには、地価の下落は原発事故によるものであり、「その他の要因は関係ない」ということを立証しなければいけません。

結論から言うと、このことを立証するのは現実的にはかなり難しいと思います。

・事例2　私は自分で電子書籍を書いてアマゾンのキンドルで販売しているが、きちんと読んでもいないのに、評価の欄に★1つなどの低評価をしてくる人がいる。彼らを訴えることはできないか？

みなさんも、アマゾンなどのウェブ書店で本を買うとき、内容の説明を読むのはもちろんのこと、読者のレビューを参考にすると思います。

それをどの程度、取り入れるかは個人によって違うと思いますが、低評価があまりに多いとせっかく買おうと思っていても、結局はやめてしまうこともよくあります。

これが、きちんと読んだうえでの正当な評価であれば仕方がありませんが、なかにはろくに読みもせずに、悪評を書き込む人もいます。著者をよく思っていない人、あるいはライバルにあたる出版社の関係者がそのような書き込みをしているケースもあります。

たしかに、低評価をたくさんつけられて売り上げに響いたと訴えたくなるのはわかりますが、裁判に訴えるには相手を特定したうえでそれが本当に営業妨害になっているか、故意なのか、損害が発生したならば、一回の書き込みでいくらなのかなどを立証しなければなりません。

また、相手は当然のように、それは正当な批評であると反論してくるでしょうから、こちら側はそれが不当であることをこれまた主張して立証しなければなりません。

この事例も結論からいえば、かなり難しいでしょう。たとえ勝ったとしても、賠償額は微々たるものですし、弁護士費用のほうが高くつく可能性があります。

それよりは、アマゾンに対して、書き込みの抹消を依頼するほうが現実的な対応だと思います（実際は、「個人を誹謗・中傷しているものでない」と、アマゾンは動いてくれないようですが）。

誹謗中傷に対して、法的措置を取るときの実際例

さて、もろもろのハードルを考慮したうえで、それでもネットの誹謗中傷、風評被害に対して法的措置を取りたいという場合はどうすればいいでしょうか。

ただし、その場合も、費用や時間、勝訴できる確率を専門の弁護士に十分に相談してから行動を起こすことをおすすめします。

方法としては、「民事訴訟」と「刑事訴訟」の2とおりがあります。

【方法①】民事訴訟

民事訴訟を起こして相手の責任を追及する場合、主に「損害賠償請求」「謝罪広告請求」「差し止め請求」などがあります。

損害賠償請求が、いちばん一般的かもしれません。これは、他人の違法行為によって生じた損害を請求することです。

ネット上での誹謗中傷の場合でも、数十万円から数百万円の賠償金の支払い命令が出ています。

たとえば、2006年に、あるスポーツ選手が掲示板上の書き込みに対して名誉毀損などを訴え、サイト管理人に1００万円の損害賠償を求めた裁判では、原告が全面勝訴しています。

なお、損害賠償の相手は、個人はもちろんのこと、サイトの管理会社に対しても行うことができます。

【方法②】刑事訴訟

誹謗中傷の書き込みが名誉毀損罪や侮辱罪、脅迫罪、業務妨害罪などに該当するものであれば、警察に告訴状を提出します。

その結果、刑事裁判で罪が認められれば、相手に懲役や罰金などが科せられます。

名誉毀損罪はみなさんもよく聞くのではないでしょうか。多数の人が認識できる状態で（つまり、ネットの書き込みもこれを満たします）、相手の社会的評価を落とすことです。

この名誉毀損罪が成立すれば、３年以下の懲役もしくは50万円以下の罰金に科せられます。

個人または会社の営業を妨害されたことが明白な場合は、**業務妨害罪**に問うことができます。嘘の情報を書き込んで営業妨害すれば偽計業務妨害罪になり、何らかの力によって妨害すれば威力業務妨害罪になります。

成立すれば、3年以下の懲役または50万円以下の罰金を科せられます。

最近の事例では、「黒子のバスケ事件」が有名です。これは漫画『黒子のバスケ』の作者や作品の関連商品を扱う関係先各所や関連するイベント会場に脅迫文が届き、商品が撤去されたり、イベントが中止に追い込まれたものです。この事件では、大阪市の男性が逮捕されています。

以上、簡単にアウトラインをご紹介しました。

ご自分で訴訟を起こそうと考えている方は、ご参考にしてください。

検索結果の削除命令がついに出た！

これまで法的措置を取った場合でも、なかなかこちらの希望する結果が出なかったため、積極的にトライしようとする人は少なかったと思います。それが、これから変わるかもしれない画期的な判決がついに東京地裁から出されました。

平成26年11月16日の朝日新聞の一面にも大きく取り上げられましたので、この章の最後に触れておきたいと思います。

それは、ある日本人の男性がインターネット検索大手・グーグルに対して、検索結果の削除を求めていたものです。

男性の名前を検索すると、そこに出てくるものがいかにも犯罪にかかわっているかのような結果だったといいます。それはプライバシーの侵害だとして、アメリカのグーグル本社に検索結果の削除を求めていた仮処分申請でした。

東京地裁は男性の訴えを認め、男性が求めた２３７件のうち、著しい損害を与えるおそれのある約半数の１２２件について、検索結果それぞれの「表題」とその下に表示される「内容の抜粋」の削除を命じる判決を下しました。

「名前検索される 恐怖」

「忘れられる権利」判決で注目

忘れられる権利――。ネット上で個人のプライバシーを守る新たな「権利」が注目されている。

きっかけは、欧州連合（ＥＵ）の司法裁判所の今年5月の判決だ。

ネット上に残る個人に不都合な情報を、検索結果から削除するよう、検索サイト世界最大手「グーグル」に命令。忘れられる権利が認められたとして世界的ニュースになった。

国内に住む日本人男性はそのニュースに釘付けになった。

男性は、ネット上に残る書き込みに悩んでいた。グーグルで自分の名前を検索すると、犯罪に関わっているかのような検索結果が多数出る状態だった。

サイトの書き込みの削除を、一つひとつのサイト管理者らに求める裁判を4年続けていた。消しても消しても拡散し、お金だけが消えた。金融機関に名前を検索され、融資がおりなくなるなど、自分のビジネスにも大きな支障が出ていた。

「名刺交換をすると、相手がいつか自分の名前を検索するのでは、という強迫観念が常にあった。怖さが頭から離れなかった」

「忘れられる権利」を知ったのはそんな時だった。すぐに弁護士にメールした。「先生、これ日本でもできませんか」

約5カ月後の10月9日。東京地裁は、男性が求めた237件の検索結果の削除のうち、男性の人格権に著しい損害を与えかねない122件について、グーグルに削除を命じる仮処分を決定。日本で初めてとみられる司法判断につながった。

男性は今回、自らが特定され再び検索されることにつながるような属性情報を明かさないことを条件に、匿名で朝日新聞の取材に応じた。

グーグルは、ＥＵ司法裁の判決を受けた欧州では、個人から削除申請を受け付け、検索結果を次々と消している。14日までにＥＵ域内からの削除依頼はＵＲＬの数で計56万9993件。グーグルはこれまでに処理したうちの4割の約20万件を削除した。それがいま、新たな波紋を呼んでいる。

（榊原謙）

出典：朝日新聞2014年11月16日付1面より

検索結果の削除を認めた国内の判断はこれまでなかったといわれています。それがついに認められたのです。

東京地裁は、男性の人格権を侵害する内容が表示されていることが認められるとして、サイトを管理するグーグル側に削除義務が発生するのは当然だと指摘しています。

グーグル側は、検索サービスの提供者には検索結果の削除義務は原則として認められないと主張しましたが退けられました。

男性の弁護士は、「ネット上でプライバシーの侵害を受け、心身ともに傷ついている多くの人にとって、今回の決定は大きな朗報だ」と話しています。

「忘れられる権利」も話題に

海外でも同様の判断が下されています。

２０１４年５月に、ＥＵの司法裁判所はグーグルに対し、不適切な個人情報の検索結果を削除するように命じる判決を出しました。

この判決は「忘れられる権利」が認められたとして、世界的にも注目を集めました。今回の東京地裁の判断もこの流れに続くものといえます。

グーグル側はこの決定に異議を申し立てることもできますが、今のところ、その動きは見せていません。逆に、グーグル側の代理人は男性の代理人に対して、仮処分の決定を強制的に実行するための手続きはしばらく待ってほしいと伝えてきたといいます。

仮処分が認められ、それを強制的に実行するために、申請者は「間接強制」という手続きを裁判所に求めることができます。それに対して、グーグル側は「削除するかどうかを検討するので、間接強制の申し立ては控えてほしい」と要請してきたのです。

その後、グーグル側は命令に従うと回答してきました。

グーグル側も今までの主張を繰り返すのではなく、時代の要請に対応しなければいけないと考え方を変えてきているようです。

このことにともない、世界的な動きも始まっています。

EUの司法裁判所が出したグーグル側の責任を認める判決を受け、各国のデータ保護機関の集まりである「第29条作業部会」（EUのプライバシー保護当局の代表者が集まってつくられている）がグーグル本社と検索結果削除のルールづくりについて話し合っています。

日本でも、これから個人のプライバシーをめぐるルールづくりについて、議論が活発になるのは間違いないでしょう。

第5章
プロの活用でネット風評被害に対処する

プロの業者の活用も選択肢に

第4章では、ネット風評被害をこうむった際に、警察に相談したり裁判を起こすという方法についてお話ししてきました。ただ、なかなか立件が難しかったり、結果が出るまでに時間がかかるという点も、同時に指摘してきました。

そこで、私たちのようなネット風評被害対策コンサルティングの専門会社が選択肢になってきます。

しかし、安心して頼めるプロの業者はまだ少ないのが現状です。

私がこの仕事を始めたのは、ちょうど7年前のことです。当時はウェブコンサルタントとして仕事をしていました。そのときあるお客さまから、「ネットにひどい書き込みをされ、風評被害を受けている。何とかならないものか」と相談を受けたのがきっかけでした。

そのような案件を扱っている業者を探したところ、ほとんど見当たりませんでした。そこで、ネット風評被害に特化した仕事を始めようと思ったのです。

会社を始めたころは、同業者は1、2社ぐらいだったと思います。それが今では、30社ぐらいに増えています。

ただ、なかには正体不明の会社や怪しいところも含まれています。会社は今では登記さえすれば簡単に設立できますから、入れ替わりが激しいのがこの業界の特徴でもあります。

ある程度の社員数を揃えてきちんとやっているのは、おそらく4社ぐらいではないでしょうか。この章の最後に、会社の選び方のポイントをお話ししますが、正しい会社の選び方を覚えて風評被害に対処してほしいと思います。

プロを活用するメリットは？

まず最初に、プロを活用するメリットからお話ししていきます。あとで技術的なメリットに注目して解説しますが、その前にプロ活用の基本ともなる考え方を知っておいてください。

今では大企業を中心に、自社内でネットの問題対策を担当する部門が少しずつつくられるようになってきました。

しかし、同じコストをかけるならば、専門の外部スタッフに任せるほうが、はるかにメリットがあります。

そのメリットは大きく分けて、つぎの2つです。

1　ネガティブなことにかかわらなくてすむ

これは、一度、経験されるとよくわかります。風評被害のもとになるような書き込みは、当然、ネガティブなものばかりです。

悪口はもちろんのこと、文句、怒り、罵倒、嘘など、ありとあらゆるネガティブなことが書き込まれます。それも、自分が勤めている会社やそこに勤めている同僚について書かれているわけですから、それを日常的に見るのはかなりつらい作業です。

その点、外部スタッフならば、そこはビジネスと割り切ることができますし、第三者の目で見られますから冷静に対処できます。

2　社員に知られては困ることを秘密にできる

これも、非常に大事な点だと思います。会社自体の秘密事項や特定の人物に関する書き込みがあった場合、それにいち早く対処する必要がありますし、それをその社員に知られないようにしなければいけません。

社内の担当者が秘密を守るといっても、いつ、それが漏れるかもしれません。その点、外部のプロに依頼すれば、その確率は低くなります。

風評被害対策を請け負っている会社は、守秘義務を徹底していますので、その点からもプロを活用するメリットがあるといえます。

【プロ活用の技術的メリット①】SEO対策

つぎに、プロを活用する技術的なメリットをあげていきます。

ネット上の風評被害を解決するには、専門の技術がないと難しい面があります。それがどのようなものなのか、簡単に説明していきましょう。

「SEO対策」――何といっても、これがいちばん重要です。これこそプロの腕の見せどころといっても過言ではありません。

SEOとは、「検索エンジン最適化」のことです。検索エンジンでは、その結果が上位に表示されればされるほど、検索をした人からのアクセスがサイトにたくさん集まります。そのため、サイトの運営者は誰もが、検索上位表示をしたいと思うでしょう。

現在、検索エンジンの主なものには、グーグルとヤフーの2つがあります。この2つで、日本のシェアの8割以上を占めています。

ただ、現在はヤフーもグーグルの検索エンジンのアルゴリズムを採用していますので、グーグルのアルゴリズムをいかに見極めるかがポイントになってきます。

この「アルゴリズム」について、少し解説しておきましょう。これは、検索エンジンの検索結果を表示する順番を決める基準といってもいいものです。

グーグルでは、アルゴリズムの更新をほぼ毎日、行っています。そして、１～３か月に１回ほど、基準を大きく更新するといわれています。

ただ、この内容は公式には発表されるわけではありませんから、毎日起こるアルゴリズムの変化を見極め、最適化を行うことがプロの技術力でもあります。

これがわかれば、その基準に沿ってＳＥＯ対策を実行することができます。その結果、検索されたときに運営者のサイトが上位表示され、アクセスをたくさん集中させることができるのです。

では、なぜそれが風評被害対策になるのでしょうか。

それは、運営者の良質なサイトがつねに上位表示されると、非表示にしたい悪質なサイト、書き込みがあるページが、自動的にどんどん下位に下がっていくからです。

下位に行けば行くほど、読者の目に触れる機会が減っていきます。そのため、悪質な書き込みがあるサイトやページを読者の目に触れにくくさせる効果があるのです(図４参照)。

図4　SEO対策の例

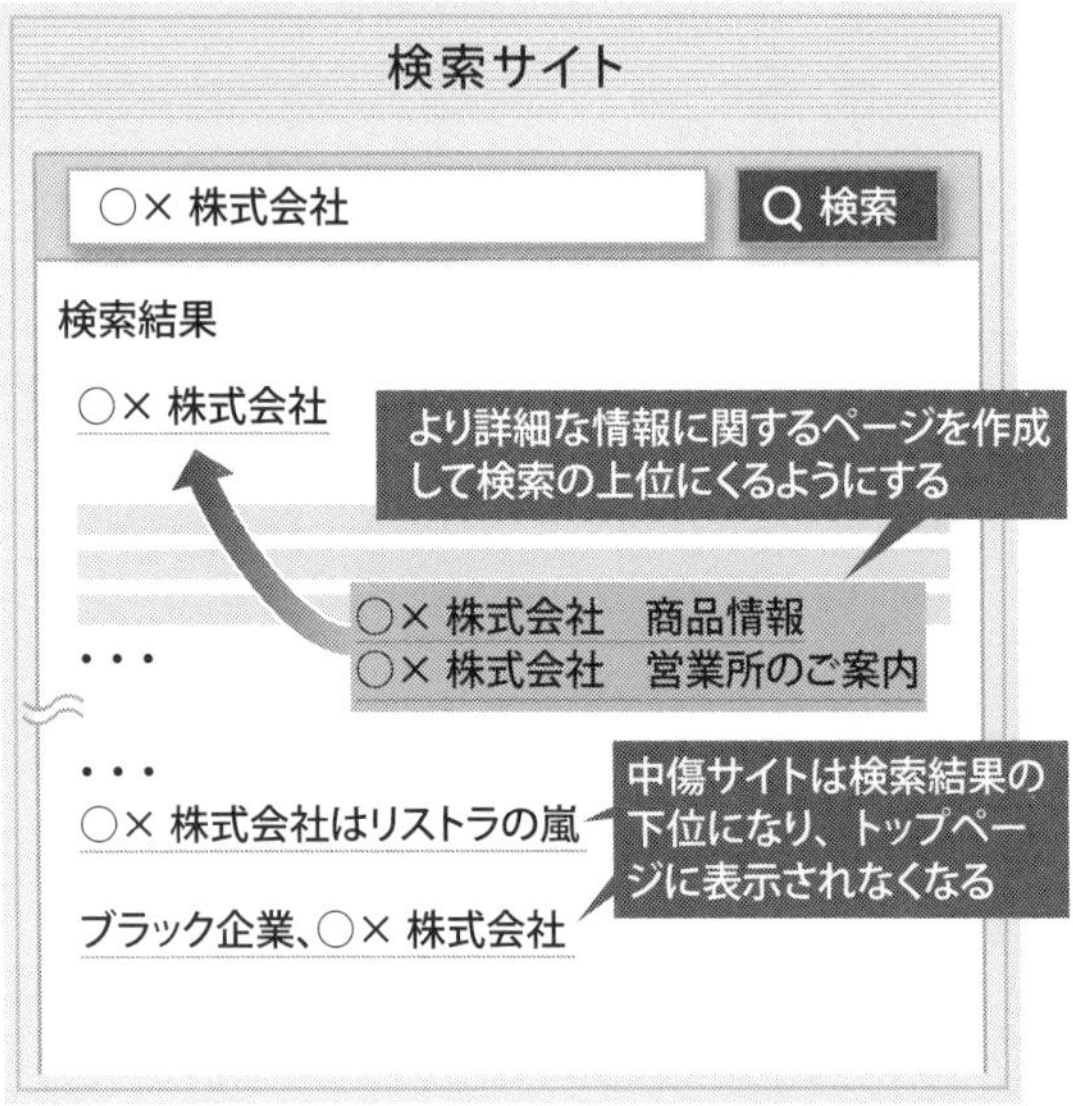
検索サイト
○× 株式会社
検索
検索結果
○× 株式会社
より詳細な情報に関するページを作成して検索の上位にくるようにする
○× 株式会社　商品情報
○× 株式会社　営業所のご案内
・・・
・・・
○× 株式会社はリストラの嵐
中傷サイトは検索結果の下位になり、トップページに表示されなくなる
ブラック企業、○× 株式会社

では、いわゆるSEO対策について簡単に説明していきます。実際はもっと細かい作業がありますが、ここでは概要だけをお知らせしておきます。

SEO対策には、大きく分けて「外部施策」と「内部施策」があります。それぞれの特徴からお話ししていきましょう。

・外部施策

端的に言うと、みなさんのホームページに他のサイトからリンクを張ってもらえるようにすることです。

検索エンジンは、第三者の視点でホームページを評価しますので、他のサイトからのリンク数を重要視しています。というのは、他のサイトがリンクを張る行為は、それだけ有益なコンテンツであるという、いわゆる「推薦する」という考え方が基本になっているからです。

ただ以前は、自作自演でそのようなリンクを張っていたり、外部リンクを張るサービスをしている業者がいました。自分や自社のウェブサイトに安易に導く目的のために、内容とは関係なくリンクを張ることをお金で頼むケースが横行していたのです。

そのため、グーグルでは金銭によるバックリンク（被リンク）サービスの多用はペナルティになることがあります。

一度、ペナルティにされると検索結果に表示されなくなり、検索からのアクセスに影響が出てしまいます。こういったことが多くなってきたため、最近ではつぎの内部施策を重視するように変わってきました。

・内部施策

内部施策とは、ホームページやテキストの内容をアルゴリズムの基準に合わせてよくしていくことです。

テキストに関していえば、中身が細かく書いてあるのがよいとされます。それも、いろんなページから持ってきて寄せ集めたものや、コピペを多用してつくったようなものではなく、専門家が丁寧にくわしく書いてあるようなページが理想です。

また、キーワードを上手に使っているかも大事な要素です。それがうまく機能していれば、多くの人から注目されることになり、アクセスを増やすことにつながります。

さらに、ボリュームも大事です。見かけだけよくつくっても、肝心の中身がスカスカでは話になりません。それなりのボリューム感が必要です。

基本的に、**「1ページ、1テーマ、1キーワード」**がベストです。

つまり、1ページにごちゃごちゃ詰め込むのではなく、一つに絞ってわかりやすく、理解しやすいようにつくるのがコツです。

これを守れば、テーマが増えるごとにページ数も増え、なおかつわかりやすいサイトがつくれます。

アルゴリズムには、200以上もの基準があるといわれています。それに少しでも対応したページをつくる必要がありますが、基準はつねに変化していますから、ここはプロの力を借りたほうがいいでしょう。

図5　よいサイトの階層構造の例

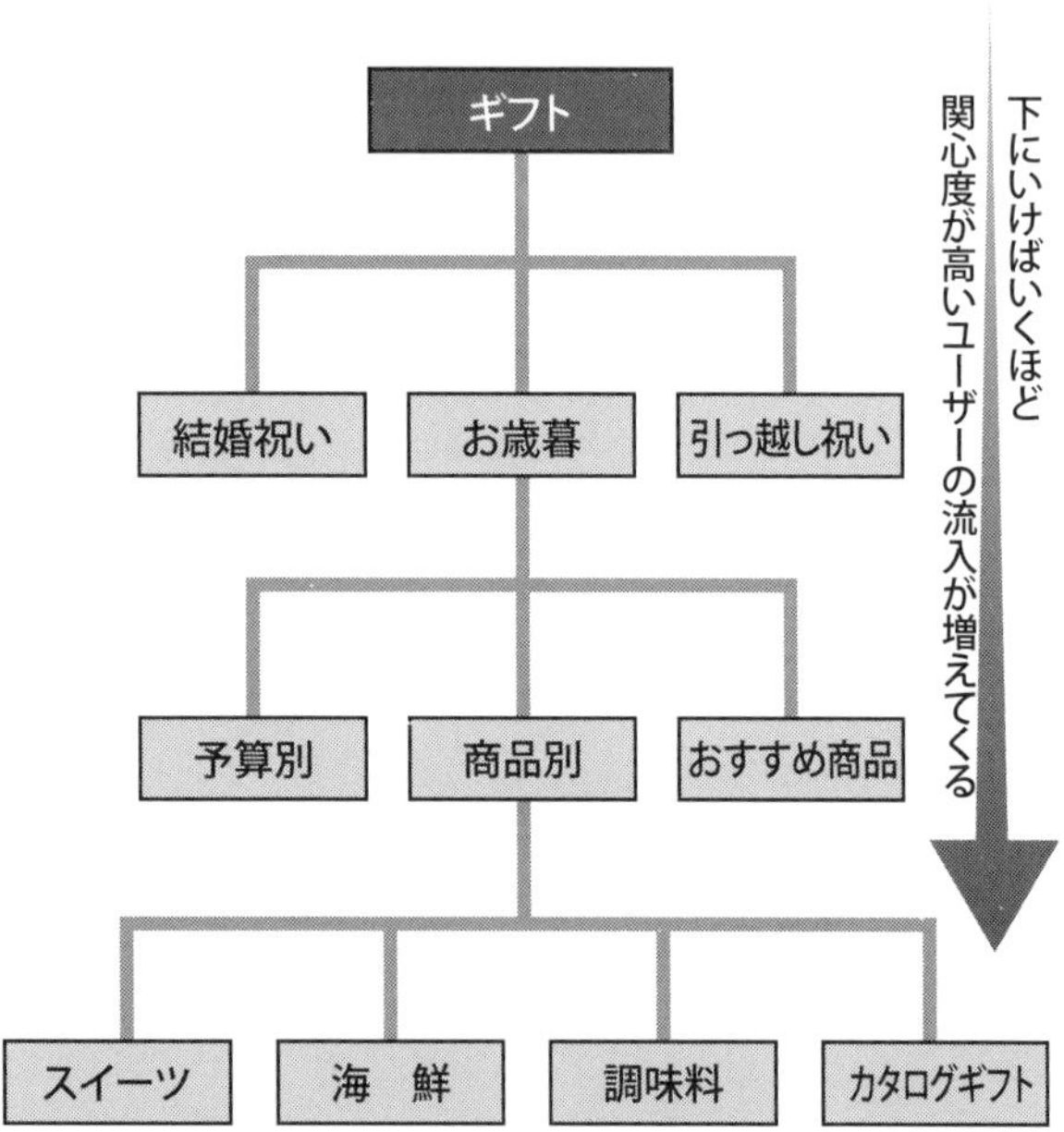

カテゴリー分けがしっかりされており、
1ページ、1テーマ、1キーワードになっている

グーグルの基本理念は、検索したときにより正確な結果を出したいというものです。それはまさしく読者目線です。その目線を忘れてはなりません。

【プロ活用の技術的メリット②】
風評監視対策

誹謗中傷記事はいつ、どこに出てくるかわかりません。一度、対策を取ったからといって、それで安心はできません。つぎつぎに書き込まれるおそれがあるのが、風評被害の厄介なところなのです。

そのため、日常的にネットを監視する必要があります。それが風評被害対策のひとつです。

私たちは、二つのことを行っています。一つが「システムによる監視」、もう一つが「目視による監視」です。この二つをすることで、悪意のある書き込みが炎上する前に摘み取ることができます。

前者は、自動的に風評被害になりそうな書き込みを監視するシステムを指します。これは指定した会社やブランド名、そしてキーワードを見つけるためのものです。風評被害になりそうなキーワードは、119ページですでに紹介しました。そのような言葉が使われていないかを調べます。

ウェブ上を自動的に巡回して危険な書き込みがないかをチェックします。さまざまなサイトや掲示板、投稿などの情報を収集して分析するシステムです。

つぎの目視は、人の目で監視することです。システムだけでは見落としている場合があるからです。

サイトのなかにはログインが必要なものもありますので、細かいチェックをするにはどうしても人の目でも常時、監視をしなければいけません。

この二つの対策を行うことで、風評被害になりそうな書き込みなどに対応しています。国内の主なブログサービスや掲示板、ツイッターなどにも目を光らせ、危険な書き込みを見つけ次第、即座に対策を行っています。

【プロ活用の技術的メリット③】風評被害専門のコンサルティング

これは、つぎにお話しするプロの会社の選び方にも通用するポイントですが、同じウェブコンサルティングでも、風評被害専門のコンサルタントが揃っている会社の指導を受けることをおすすめします。

当社でも、風評被害対策コンサルティングだけに特化した専門のコンサルタントが30名ほどいます。

会社によっては専属ではなく、兼任でやっているところもありますが、専門の担当がいることで、同じ目視をする場合でもチェックの仕方がより綿密になり、きめの細かいフォローができるようになります。

また、専門のコンサルタントがいると、対応がよりスピーディになります。風評被害の対策はスピードが勝負です。

当社では、クライアントからご相談を受けてから30分以内に誰かしらがアクションを起こすことを目標にしています。

【プロに依頼するときの会社の選び方①】会社概要の表記は？

まだまだ少ないとはいえ、少しずつ増えてきたのが風評被害対策コンサルティングを売りにしている会社です。

私が始めた7年前にはほとんどなかったものが、今ではネットで検索するとかなりの数の会社がヒットします。

なかには、実態が不明で非常にあやしいと言わざるを得ない会社も増えているようです。ここで会社選びをまちがっては、風評被害問題が解決しないことは言うまでもなく、貴重な時間と費用が無駄になってしまいます。

そこで、どのようにして会社を選べばいいいか、その目安を最後に触れておきたいと思います。

人の紹介で会社を選ぶこともあるでしょうが、その多くはネットで検索をし、そこから情報を得て会社を選ぶ場合が多いと思います。

そのとき、最初にしてほしいのがそこはどのような会社なのか、組織は大丈夫なのか、それを知るために会社の概要が記されているページを見ることです。

言うまでもないことですが、住所、資本金、設立年月日、電話番号、代表者の名前、従業員数、会社へのアクセスなどがきちんと書いてある会社ほど信用できる会社といえます。

ひどいときには登記だけしておいて、いっさい人がいないこともあります。

不安なときは必ずそこに行って、確認することです。

もちろん、住所が書いてないような会社は論外です。会社名と電話番号だけが書いてあるようなところも避けましょう。

電話番号も、固定電話の番号が書いてあるかどうかを見ましょう。携帯電話番号しかない、かけると転送電話になっているようなところは危険な可能性があります。

【プロに依頼するときの会社の選び方②】

風評被害に特化したノウハウを持っているか

どのようなノウハウを持っているか、また一般の人にもわかりやすく、簡潔に示しているかも、会社選びの際の判断材料になります。

たとえば、つぎのようなチェック項目が考えられます。

□スピード対応してくれるか
□徹底して秘密を守ってくれるか
□検索アルゴリズムに対応したSEO対策があるか
□目視による風評監視に力を注いでくれるか
□無料診断を行っているか

これらのノウハウは、相応の経験実績がないとつくれないものです。当社は6年間で6000件以上の分析実績がありますので、それをもとに正確で有効なノウハウを構築してきました。会社選びにはこれらのチェックが欠かせません。

プロの活用はぜひともおすすめしたいと私は考えています。実績の伴ったノウハウは確実にあなたの風評被害を防いでくれます。

安心で正確、そしてスピーディに対応してくれる会社を選びたいものです。

■参考文献

・小林直樹『ソーシャルメディア炎上事件簿』（日経BP社）
・週刊東洋経済eビジネス新書「ネット炎上の処方箋」
・週刊東洋経済2013年3月9日号「アジアで止まらぬ炎上　放置は顧客離れを招く」
・岡嶋裕史『ネット炎上　職場の防火対策』（日経プレミアシリーズ）
・日経ビジネスオンライン「米国ネットの〝ざわめき〟を聴く」

おわりに

ここまで、ネット風評被害の現状、その前提となる炎上の防ぎ方、そしてネット風評を発見した際にとるべき方策についてお話ししてきました。

大切な会社やお店を守るために、みなさんができる対策はあるということを知っていただけたのではないかと思います。

しかし、非常に残念なことに、風評被害対策をしたからといって100%安全というわけではない、ということもまた事実なのです。

いまや無法地帯と化したネット空間を変えるには、私たちができる対策以上のことが社会には必要なのではないか――こんな問題意識から、6年間、ネット風評被害対策コンサルティングの現場に身を置いてきた私から、最後に2つのことを提言させていただきます。

まず1点目は、私たち一人ひとりのネットリテラシーを高めましょう、ということです。

第2章でもご紹介したように、「ツイッターにふざけた画像を投稿しない」「ネットにデマや誹謗中傷を書き込まない」ということは今さら言うまでもないことです。

それと同じぐらい大事なこととして、「ネットの情報をすべて鵜呑みにしない」「ネットの情報に翻弄されない」ということも大事なスキルなのではないでしょうか。

いかにもネタっぽい書き込みを前にして、それを拡散しない、相手にしない、つまり間をとることによって防げるネット風評被害のリスクは大きいはずです。

そのためには、第2章で紹介した日本IBM社の事例のように、社員教育にも力を入れることが重要になってくるでしょう。

2点目は、社会としてネット上の誹謗中傷やデマに対して毅然とした態度をとりましょう、ということです。私は、みなさんと一緒に、個人攻撃や誹謗中傷は許さないネット社会にしていきたいのです。

これだけネット風評被害が急増し、経済的・精神的被害を受けている人が続出しているにもかかわらず、犯罪として立件されることが少ないということが、「これぐらい許されるのでは？」というネット独特の雰囲気につながっているのではないかと思っています。

現在も、法律により罰則の規定はありますが、まだまだ立件される率も低く、甘いと言わざるを得ません。そのため、法律の改正も一つの有効な選択肢となります。

警察が本気で取り締まりを強化することによって、ネット風評被害のもとになるような誹謗中傷、ひどい書き込みは間違いなく減るでしょう。

実際、スウェーデンでは、匿名の「荒らし」の身元を突き止める活動が行われているようです。

そして、私たちもそれらに対して毅然とした態度を示すことで、みんなが快適にネットを使える社会が実現できるのではないでしょうか。


一人ひとりにできることがあるはずです。それは小さなことかもしれません。しかし、それが一つになることで社会は変えられると思っています。

ぜひ一緒に、私たちの手で快適なインターネット空間をつくっていきましょう。

薮崎真哉

ディスカヴァー携書 138

ネット風評被害

発行日　2015年1月30日　第1刷

Author　薮崎真哉

Book Designer　石間淳（カバー、本文フォーマット）
鈴木大輔　江崎輝海（ソウルデザイン）（オビ表1、本文プロローグ）

Publication　株式会社ディスカヴァー・トゥエンティワン
〒102-0093　東京都千代田区平河町2-16-1 平河町森タワー11F
TEL　03-3237-8321（代表）
FAX　03-3237-8323
http://www.d21.co.jp

Publisher　干場弓子
Editor　三谷祐一
出版プロデュース：株式会社天才工場　吉田浩
編集協力：早川愛　菊池俊彦

Marketing Group
Staff　小田孝文　中澤泰宏　片平美恵子　吉澤道子　井筒浩　小関勝則
千葉潤子　飯田智樹　佐藤昌幸　谷口奈緒美　山中麻吏　西川なつか
古矢薫　伊藤利文　米山健一　原大士　郭迪　松原史与志　蛯原昇
中山大祐　林拓馬　安永智洋　鍋田匠伴　榊原僚　佐竹祐哉
塔下太朗　廣内悠理　安達情未　伊東佑真　梅本翔太　奥田千晶
田中姫菜　橋本莉奈
Assistant Staff　俵敬子　町田加奈子　丸山香織　小林里美　井澤徳子　橋詰悠子
藤井多穂子　藤井かおり　葛目美枝子　竹内恵子　熊谷芳美
清水有基栄　小松里絵　川井栄子　伊藤由美　伊藤香　阿部薫
松田惟吹　常徳すみ
Operation Group
Staff　松尾幸政　田中亜紀　中村郁子　福永友紀　山﨑あゆみ　杉田彰子

Productive Group
Staff　藤田浩芳　千葉正幸　原典宏　林秀樹　石塚理恵子　石橋和佳
大山聡子　大竹朝子　堀部直人　井上慎平　松石悠　木下智尋
伍佳妮　張俊崴

Proofreader, DTP　株式会社T&K
Printing　中央精版印刷株式会社

ISBN978-4-7993-1629-0

携書ロゴ：長坂勇司
携書フォーマット：石間淳